# O papel da escola, da família e da sociedade no desenvolvimento da criança com deficiência

O selo DIALÓGICA da Editora InterSaberes faz referência às publicações que privilegiam uma linguagem na qual o autor dialoga com o leitor por meio de recursos textuais e visuais, o que torna o conteúdo muito mais dinâmico. São livros que criam um ambiente de interação com o leitor – seu universo cultural, social e de elaboração de conhecimentos –, possibilitando um real processo de interlocução para que a comunicação se efetive.

# O papel da escola, da família e da sociedade no desenvolvimento da criança com deficiência

Kellin Cristina Melchior Inocêncio

**EDITORA intersaberes**

Rua Clara Vendramin, 58 . Mossunguê . CEP 81200-170 . Curitiba . PR . Brasil
Fone: (41) 2106-4170 . www.intersaberes.com . editora@editoraintersaberes.com.br

**Conselho editorial**
Dr. Ivo José Both (presidente)
Drª Elena Godoy
Dr. Neri dos Santos
Dr. Ulf Gregor Baranow

**Editora-chefe**
Lindsay Azambuja

**Gerente editorial**
Ariadne Nunes Wenger

**Preparação de originais**
Entrelinhas Editorial

**Edição de texto**
Arte e Texto Edição e Revisão de Textos
Mycaelle Albuquerque Sales
Tiago Krelling Marinaska

**Capa e projeto gráfico**
Bruno Palma e Silva (design)
Charles Knowles/Shutterstock (imagens)

**Diagramação**
Laís Galvão

**Equipe de design**
Sílvio Gabriel Spannenberg
Iná Trigo

**Iconografia**
Regina Claudia Cruz Prestes

---

Dados Internacionais de Catalogação na Publicação (CIP)
(Câmara Brasileira do Livro, SP, Brasil)

---

Inocêncio, Kellin Cristina Melchior
  O papel da escola, da família e da sociedade no desenvolvimento da criança com deficiência/Kellin Cristina Melchior Inocêncio. Curitiba: InterSaberes, 2020.
(Série Pressupostos da Educação Especial)

Bibliografia.
ISBN 978-65-5517-579-0

  1. Crianças com deficiência – Educação 2. Crianças com deficiência – Relações com a família 3. Educação – Leis e legislação 4. Educação inclusiva 5. Escola e família 6. Inclusão escolar 7. Pessoas com deficiência – Emprego – Brasil I. Título. II. Série.

20-35974                                                                                  CDD-371.91

---

Índices para catálogo sistemático:
1. Crianças com deficiência: Educação inclusiva   371.91

Cibele Maria Dias – Bibliotecária – CRB-8/9427

---

1ª edição, 2020.

Foi feito o depósito legal.

Informamos que é de inteira responsabilidade da autora a emissão de conceitos.

Nenhuma parte desta publicação poderá ser reproduzida por qualquer meio ou forma sem a prévia autorização da Editora InterSaberes.

A violação dos direitos autorais é crime estabelecido na Lei n. 9.610/1998 e punido pelo art. 184 do Código Penal.

# Sumário

7    *Prefácio*

9    *Apresentação*

13    *Como aproveitar ao máximo este livro*

17    *Introdução*

### Capítulo 1

21    **A escola e as novas configurações familiares**

23    1.1 Breve contextualização histórica: a família

29    1.2 Breve contextualização histórica: a escola

41    1.3 As configurações familiares e a escola: estabelecendo e solidificando essa relação

51    1.4 A escola, a família e a sociedade

### Capítulo 2

63    **Inclusão escolar: diversidade, diferença e alteridade**

65    2.1 Inclusão escolar e o público-alvo da educação especial e inclusiva: distinções entre *norma* e *normalidade*

71    2.2 Diferença, diversidade e alteridade

77    2.3 A rede de apoio fortalecendo a inclusão escolar

83    2.4 Educação inclusiva em todos os níveis e modalidades de ensino

### Capítulo 3

97    **Famílias e sistemas de ensino na inclusão escolar**

99    3.1 Inclusão escolar de estudantes PAEE na educação básica e no ensino superior

106 3.2 Parceria entre família e escola para a escolarização de estudantes PAEE

113 3.3 A família enlutada e o processo de aceitação do filho com deficiência

120 3.4 Parceria colaborativa entre famílias, escola e profissionais

126 3.5 Desafios e perspectivas para a inclusão escolar

## Capítulo 4

137 **Público-alvo da educação especial e inclusiva no acesso à formação profissional, ao trabalho e à inclusão social**

138 4.1 Política brasileira para a formação profissional

143 4.2 Lei de Cotas

146 4.3 Lei Brasileira de Inclusão (LBI)

160 4.4 Estratégias e metodologias para o trabalho: emprego apoiado, customizado

166 4.5 Espaços públicos e acessibilidade

## Capítulo 5

179 **Estudo de caso: "Amor e superação"**

181 5.1 Amor e superação

194 5.2 A fase escolar

197 5.3 O olhar do Rafael

207 *Considerações finais*

209 *Referências*

221 *Bibliografia comentada*

225 *Respostas*

227 *Sobre a autora*

# Prefácio

Sabemos que a educação especial é uma modalidade que perpassa todos os níveis de ensino, assim como conhecemos o importante papel do tripé formado por escola, família e sociedade no desenvolvimento do ser. Ao abrirmos o livro *O papel da escola, da família e da sociedade no desenvolvimento da criança com deficiência*, ficamos admirados com o fato de as áreas da educação especial, no contexto da educação inclusiva, se revelarem cheias de desafios e de reflexões – reflexões estas que são conduzidas brilhantemente pela professora Kellin Inocêncio. Instigante é o papel da escola, da sociedade e da família para a inclusão de todas as pessoas, pois, de acordo com a autora, "voltando-se para a sociedade, as barreiras que impedem o processo inclusivo" (p. 10) são desafios a serem superados.

Como a autora trata, nesta obra, sobre a relevância de uma "rede de apoio fortalecendo a inclusão escolar" (Capítulo 2 – Seção 2.3) para a garantia do direito à educação para todos, incluídos nesse bojo os alunos da educação especial, assim como sobre "políticas públicas voltadas para a promoção da acessibilidade" (p. 175), as leituras que nos trouxe sobre "as esferas que envolvem a inclusão das pessoas com deficiência em diferentes fases da vida", abrangem "os aspectos que incluem desde a inicialização do processo de escolarização até a inclusão no mercado de trabalho" (p. 209).

Esperamos que este livro seja uma das principais entre tantas leituras nesse caleidoscópio de olhares que formam a escola inclusiva, com a efetivação de redes de apoio e de políticas públicas que nos fazem vislumbrar um projeto de sociedade inclusiva para tornar o nosso mundo melhor.

**Paula Sakaguti**
Pedagoga e doutora em Educação pela Universidade Federal do Paraná – UFPR.
Atuou na docência, pesquisa e coordenação do curso de licenciatura em Educação Especial no Centro Universitário Internacional Uninter.

Junho, 2019.

# Apresentação

Esta obra foi construída com o intuito de oferecer a você, caro leitor, embasamentos que se entrelaçam entre a teoria e a prática, integrando-o ao movimento de ir e vir nos processos históricos e contemporâneos que envolvem a educação e seu público, sobretudo o público especial e inclusivo.

Nessa perspectiva, englobamos os núcleos família, sociedade e escola, com a intenção de abranger as esferas que constituem o desenvolvimento integral dos sujeitos. Isso posto, assuntos diversos e relevantes que contemplam essa temática serão abordados e subdivididos em cinco capítulos.

No primeiro capítulo, "A escola e as novas configurações familiares", contextualizaremos o binômio família e escola, apresentando a construção social do viver coletivamente e em família, assim como as particularidades da escola básica brasileira e suas transformações ao longo do tempo, da política e da história. Ainda, procuraremos explanar a relação sociedade/escola entre as configurações familiares distintas presentes na contemporaneidade. Assim, o capítulo permitirá a compreensão dos progressos e retrocessos que envolvem a questão da família e da escola.

No segundo capítulo, denominado "Inclusão escolar: diversidade, diferença e alteridade", apresentaremos uma conceituação inicial desses três termos, (re)conhecendo a relevância da escola para a sociedade e vice-versa. Nessa perspectiva, mostraremos definições significativas para a educação especial e inclusiva, como a dos termos *norma* e *normalidade*. Ao longo do capítulo, as especificidades da educação especial e inclusiva tomarão forma; com isso, a rede de apoio e sua participação no fortalecimento da educação, bem como no desenvolvimento do sujeito, serão abordadas. Ao final do capítulo, delinearemos um recorte histórico entre as décadas de 1960 e 2000, enfatizando os mais relevantes avanços para a educação especial e inclusiva em todas as etapas da educação brasileira.

No terceiro capítulo, "Famílias e sistemas de ensino na inclusão escolar", abordaremos ações significativas que permeiam o desenvolvimento da pessoa com deficiência, mostrando como, nesse processo, a família, a sociedade e a escola estão intimamente associadas. Isso posto, passaremos à compreensão da relação estabelecida entre a família e a escola, principalmente como um fator essencial e facilitador do processo de inclusão. Também não poderíamos nos abster de tratar das circunstâncias que concernem especificamente à família, como o luto e o processo de aceitação do filho com deficiência. Do mesmo modo, voltando-se, depois, para a sociedade, elencaremos e explicaremos as barreiras e os desafios que ainda impedem o processo inclusivo.

No quarto capítulo, "Público-alvo da educação especial e inclusiva no acesso à formação profissional, ao trabalho e à inclusão social", realizaremos a análise política das Leis n. 8.213/1991 e n. 13.146/2015, apontando seus principais artigos no que tange ao processo e à manutenção da profissionalização. Tal estudo permitirá, primeiro, que você compreenda a efetivação da inclusão da pessoa com deficiência no mercado de trabalho e, também, mediante um comparativo entre as décadas anteriores e a contemporaneidade, que perceba como as evoluções nesse processo interferiram na autonomia desta.

Finalizando a obra, temos, no quinto capítulo, o estudo de caso "Amor e superação", por meio do qual conectaremos a teoria à prática, propiciando o encontro, mediante os depoimentos, dos assuntos discutidos ao longo dos capítulos anteriores. Nesse capítulo, retrataremos (desde o nascimento) o olhar da família, em especial o da mãe, sobre o filho deficiente e, posteriormente, o olhar do próprio filho no que se refere aos âmbitos social e profissional.

Dessa maneira, a obra visa contemplar as relações estabelecidas entre a família, a escola e a sociedade diante do crescimento da pessoa com deficiência, além do processo inclusivo. Nessa vertente, diversos aspectos são relevantes e, coletivamente, essenciais para o desenvolvimento tanto do sujeito com deficiência como da sociedade sem deficiência. Esses aspectos são importantes também para que ocorra o respeito, a compreensão das limitações e das potencialidades dos sujeitos com deficiência, assim como a escolarização e a profissionalização destes.

Convido-o, então, caro leitor, à leitura da obra *O papel da escola, da família e da sociedade no desenvolvimento da criança com deficiência* para que você adentre, amorosa e respeitosamente, o universo da educação especial e inclusiva.

# Como aproveitar ao máximo este livro

Empregamos nesta obra recursos que visam enriquecer seu aprendizado, facilitar a compreensão dos conteúdos e tornar a leitura mais dinâmica. Conheça a seguir cada uma dessas ferramentas e saiba como elas estão distribuídas no decorrer deste livro para bem aproveitá-las.

**Introdução do capítulo**

Logo na abertura do capítulo, relacionamos os conteúdos que nele serão abordados.

**Preste atenção!**

Apresentamos informações complementares a respeito do assunto que está sendo tratado.

## Síntese

Ao final de cada capítulo, relacionamos as principais informações nele abordadas a fim de que você avalie as conclusões a que chegou, confirmando-as ou redefinindo-as.

## Indicação cultural

Para ampliar seu repertório, indicamos conteúdos de diferentes naturezas que ensejam a reflexão sobre os assuntos estudados e contribuem para seu processo de aprendizagem.

## Atividades de autoavaliação

Apresentamos estas questões objetivas para que você verifique o grau de assimilação dos conceitos examinados, motivando-se a progredir em seus estudos.

## Atividades de aprendizagem

Aqui apresentamos questões que aproximam conhecimentos teóricos e práticos a fim de que você analise criticamente determinado assunto.

## Bibliografia comentada

Nesta seção, comentamos algumas obras de referência para o estudo dos temas examinados ao longo do livro.

# Introdução

## Reflexão sobre a educação especial e inclusiva

Foi com a Declaração de Salamanca que ocorreu o pontapé inicial para que, de fato, movimentos sociais e políticas públicas voltassem os olhares para a necessidade de promover, no tripé escola, família e sociedade, a inclusão social da pessoa com deficiência ou com necessidades educacionais especiais.

Nossa reflexão a respeito dessa questão deve partir, inicialmente, de um movimento interno diante das concepções que nós, cidadãos, temos e das ações que tomamos socialmente sobre a inclusão social, ou seja, com base em uma autorreflexão que abarca questionamentos como:

- O que você considera como ações inclusivas?
- Como você se comporta no ambiente familiar, escolar e social ao se relacionar com pessoas com deficiência?
- Como você vislumbra a acessibilidade em seu município?
- Quais seus comportamentos diante das regras e leis que priorizam a pessoa com deficiência?

Essas e outras relevantes indagações permeiam, prática e teoricamente, o universo da educação especial e inclusiva, não somente no que se refere à pessoa com deficiência e ao público-alvo da educação especial e inclusiva (PAEE), mas também, igualmente, ao movimento inverso, que envolve a sociedade e a relação que ela estabelece com todos os indivíduos.

Nessa perspectiva, seguindo nosso movimento de autor-reflexão, é coerente analisarmos as fases da vida e as relações que firmamos ou vivenciamos com o universo da pessoa com deficiência. Desse modo, podemos nos perceber ou em uma sociedade igualitária no que tange ao desenvolvimento do sujeito, ou, devido à ausência de contato e de convivência com o universo da educação especial e inclusiva, segregados dessa relevante temática.

Isso posto, é essencial termos conhecimento do que realmente é considerada uma sociedade inclusiva, afinal, não podemos nos abster da responsabilidade adquirida como cidadãos de compactuarmos e auxiliarmos a evolução do homem e da sociedade diante do processo de inclusão social e educacional. Dessa maneira, primeiro, precisamos compreender que pessoas com e sem deficiência coexistindo em um mesmo espaço não significa que há uma inclusão, mas sim um processo de integração.

Tal situação é confirmada ao observarmos o entorno, pois indubitavelmente nos depararemos com situações díspares, que apenas no olhar se assemelham a um processo de inclusão. Perceba, caro leitor, que, para acontecer a inclusão social de verdade, as condições de desenvolvimento devem ocorrer de igual modo, quer dizer, o transporte, a saúde, a escola, o direito à acessibilidade e à autonomia devem ser assegurados igualmente tanto para as pessoas com deficiência quanto para aquelas que não apresentam deficiência.

A integração, por sua vez, diferencia-se do movimento de igualdade: não há uma condição associada a todos e que respeite suas especificidades – ou seja, apenas estar e permanecer no mesmo ambiente é considerado integrador. Nessa perspectiva, não é considerada a autonomia do sujeito, tampouco a condição dele, seja no ambiente de trabalho, seja nos momentos de lazer ou em seu processo de escolarização e profissionalização.

Dessa maneira, caro leitor, convidamos você a perceber, por meio da leitura desta obra, alguns avanços que se tornaram, de fato, significativos ao longo de recortes históricos específicos – embora isso não implique que a educação e a sociedade brasileira encontrem-se em um patamar ideal de inclusão –, auxiliando o desenvolvimento do sujeito com deficiência, bem como contribuindo para sua verdadeira inclusão social.

Capítulo 1
# A escola e as novas configurações familiares

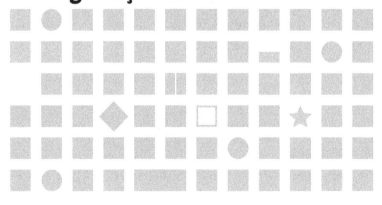

*"A configuração do grupo familiar no Brasil se modifica seguindo o rumo da história, sendo influenciada, entre outros fatores, pelos avanços tecnológicos, as mudanças demográficas e os determinantes sociais, políticos, econômicos e culturais".*

Sakaguti (2017, p. 87)

**Em nosso primeiro** capítulo, abordaremos a temática "A escola e as novas configurações familiares". Para tanto, nos basearemos em reflexões específicas (como a recepção dessas novas configurações pela escola e a organização social e de conteúdo dessa instituição para a inclusão) as quais propiciarão que você compreenda a formação do núcleo familiar iniciado pelos hominídeos e, avançando cronológica e socialmente, as configurações familiares da contemporaneidade. Com base nessa contextualização histórica acerca dos papéis destinados aos membros da família, aprofundaremos também o estudo da divisão social de gêneros e das distintas estruturas familiares existentes, incluindo a prole e os membros com deficiência, ou público-alvo da educação especial e inclusiva (doravante PAEE). Embora as sociedades se vistam de preconceitos velados, a configuração familiar tradicional ainda é considerada a mais aceita na maioria delas, e a análise de tal cenário permitirá que identifiquemos as especificidades referentes às demais configurações.

Por fim, por meio da conceituação e da explanação sobre o processo histórico de formação da escola brasileira, estabeleceremos associações entre essa instituição, a família e a sociedade, construindo e reconstruindo funções e relevâncias desse tripé.

## 1.1 Breve contextualização histórica: a família

Desde os primórdios, as evoluções natural e histórica do homem mostraram que ele, evidentemente, é um ser que necessita viver em comunidade, ou seja, o ser humano não é só, ele vive na coletividade. Para constatarmos essa afirmação, retornemos à Pré-História, denominada *Paleolítico*. Nela ocorreram os primeiros registros do desenvolvimento da mente, quando os hominídeos exibiram suas experiências e, por meio delas, construíram saberes diversos que garantiram a subsistência da espécie.

Foi nesse período também que a vida em coletividade surgiu, de maneira ainda muito branda, pois se formaram pequenos grupos que passaram a desenvolver hábitos sociais e familiares, delegando a cada integrante certas funções. Essa divisão de tarefas demonstra os primeiros registros da função social de gênero, ou seja, aquilo que seria de incumbência do homem e da mulher. Essa herança é fortemente presenciada em outros períodos históricos, nos quais se colocava a mulher na condição de submissa ao homem e cuidadora do lar e dos filhos; já o homem era colocado como o provedor do lar. Avançando cronologicamente, adentramos nos períodos Mesolítico e Neolítico, quando surgiram outras conquistas, sobretudo quanto à sobrevivência e à solidez do grupo familiar, com destaque para as funções dos membros familiares e as divisões sociais. Nesse momento, as casas já estavam menos isoladas, ilustrando uma vida coletiva. Nesse sentido, a aprendizagem com base no convívio humano certamente transformou situações sociais. Uma relevante transformação foi a descoberta da agricultura, que culminou na formação de pequenas aldeias, as quais, posteriormente, se constituíram em cidades.

Todos esses avanços construídos em longínquos e distintos momentos foram determinantes para as transformações do cenário social, associando a criação dos grupos familiares, o viver em comunidade e sociedade, à formação de cidades e também de Estados. Com base nesses fatos e procurando compreender o significado etimológico do termo *família*, localizamos nos principais dicionários de língua portuguesa algumas particularidades que o envolvem. Dessa forma, podemos afirmar que se trata de uma palavra originária do latim *familĭa-ae*, que designava servidores ou escravos. Com a evolução linguística, a palavra passou a se referir a um conjunto de pessoas que convivem coletivamente em um mesmo local, bem como a pessoas que apresentam laços sanguíneos além daqueles decorrentes de relações sentimentais, com filhos legítimos ou de adoção, com ou sem deficiência, entre outros significados (Família, 2020).

Essas concepções remetem aos pensamentos e estudos de Derrida e Roudinesco (2004, p. 52), que apresentam a família com um valor social e histórico intenso, além da coletividade, principalmente ao afirmarem que ela "é eterna, [...] que sua riqueza se deve ao mesmo tempo à sua ancoragem numa função simbólica e na [sic] multiplicidade de suas recomposições possíveis".

Com isso, fica perceptível que situações relacionadas à família estão, obrigatoriamente, configuradas pelo "grupo", ou seja, pelo coletivo. Nesse processo histórico, o homem aprendeu a viver com o próprio grupo, respeitando suas particularidades e se apropriando de valores, modos de vida e crenças.

Isso posto, focalizando o cenário romano, percebemos que os romanos se apropriaram do termo *família* para exercerem o poder por meio de uma criação social, a fim de, com isso, fortalecerem-se sobre os demais membros da comunidade. Da mesma maneira, prosseguindo temporalmente, deparamo-nos com outras famílias, em outros cenários, cujo poder, semelhante aos romanos, se concentrava, por exemplo, na figura masculina, inserindo a esposa e os filhos na condição de submissos ao chefe desse núcleo. Com base nesse significativo estudo, entenderemos as mudanças na estrutura familiar e como elas estão presentes em todos os contextos sociais e condições socioeconômicas.

A respeito dessa discussão, Lenoir (1998, p. 74) afirma que "a família designa implicitamente um todo coerente, estruturado, em uma palavra, unido", o que se relaciona com nossos apontamentos anteriores, quando mencionamos que a família, sem dúvida, é uma instituição que obrigatoriamente deve construir relações entre os membros e transmitir valores e hábitos comportamentais recorrentes da sociedade em que estão inseridos.

Tendo esse fato em mente, podemos fazer aqui um pequeno parêntese sobre as características da escola tradicional e a prática e a valorização da transmissão de saberes e princípios. Notoriamente, a partir do século XVII, os homens mais velhos das famílias foram incumbidos dessa função social de tranferência de saberes, promovendo, por conseguinte, entre os familiares mais jovens, a perpetuação dos valores e das especificidades do grupo, especialmente dos hábitos e da cultura em si.

Ao final do século XVII, algumas particularidades (enriquecimento, promoção profissional, valorização social etc.) modificaram novamente a construção familiar, dentre as quais não podemos deixar de ressaltar os casamentos tidos como arranjados – prática historicamente atrelada a interesses econômicos e sociais e que perdurou até meados do século XX. Essa configuração é, possivelmente, de conhecimento comum, e sabemos também que demandava sacríficos pessoais, sobretudo do gênero feminino.

Já no século XVIII, outros aspectos da formação familiar (acesso a escolas de elite, moradia e vestimentas adequadas etc.) começaram a fortalecer ainda mais as classes sociais. Assim, o modo de viver e educar os filhos também se modificava conforme a classe social, o poder econômico e a própria intervenção da igreja.

Na sequência, houve um período de intensas alterações sociais, econômicas e políticas que resultou na era do capitalismo e do contexto industrial. Nesse período, a expansão das indústrias, o aumento da eficiência da mão de obra e do lucro do trabalho eram o foco não somente no Brasil, mas consistiam em interesse global. No contexto familiar, também houve alterações, como a constituição familiar e as novas divisões sociais e de gênero no trabalho. Ao longo de séculos e décadas, a família certamente transformou os cenários sociais, políticos e econômicos, sobretudo no que tange a questões relacionadas à pessoa com deficiência (doravante PcD).

Concentrando-nos, desse ponto em diante, na questão da PcD no interior do grupo familiar, encontramos registros desses indivíduos no próprio contexto do surgimento das famílias, após a Pré-História, no Antigo Egito. Conforme aponta Maria Aparecida Gugel (2019), integrante da Associação

Nacional dos Membros do Ministério Público de Defesa dos Direitos de Idosos e Pessoas com Deficiência (Ampid), em seu artigo "A pessoa com deficiência e sua relação com a história da humanidade":

> Evidências arqueológicas nos fazem concluir que no Egito Antigo, há mais de cinco mil anos, a pessoa com deficiência integrava-se nas diferentes e hierarquizadas classes sociais (faraó, nobres, altos funcionários, artesãos, agricultores, escravos). A arte egípcia, os afrescos, os papiros, os túmulos e as múmias estão repletos dessas revelações.
>
> Podemos, assim, tomar como exemplo dessas evidências a Figura 1.1, a seguir.

**Figura 1.1** – A pessoa com deficiência no Antigo Egito

Fonte: Gugel, 2019.

Ainda relata Gugel (2019), comentando sobre a Figura 1.1:

A pessoa com deficiência física, tal como o Porteiro de Roma de um dos templos de deuses egípcios, exercia normalmente suas atividades, conforme revela a Estela votiva da XIX Dinastia e originária de Memphis, que pode ser vista no Museu Ny Carlsberg Glyptotek, em Copenhagen, Dinamarca. Essa pequena placa de calcário traz a representação de uma pessoa com deficiência física, sua mulher e filho, fazendo uma oferenda à deusa Astarte, da mitologia fenícia. A imagem indica, segundo os médicos especialistas, que Roma teve poliomielite.

Na constituição familiar na qual havia um integrante deficiente se despertavam, inicialmente, dois sentimentos: a rejeição e a piedade. Isso ocorre desde a história medieval e antiga, e por que não afirmarmos que isso ocorre até na contemporaneidade? Há também, por parte do ser humano, sentimentos de assistencialismo e preconceitos que geram a rejeição ao sujeito com alguma deficiência, sobretudo a física e a cognitiva, pela própria família.

Ao investigarmos a história da constituição familiar atrelada à educação especial e inclusiva, deparamo-nos com fatos fortes: na Roma antiga e em Esparta, os cidadãos, independentemente se nobres ou plebeus, tinham o direito de sacrificar os filhos que já no nascimento fossem considerados deficientes. Se apresentassem uma deficiência tanto decorrente do parto quanto adquirida ao longo do tempo, os sujeitos poderiam ser lançados ao mar ou até mesmo de precipícios. Dessa maneira, vemos que as PcD sempre existiram nas mais diferentes sociedades, classes sociais e constituições familiares, porém, de fato, foram ignoradas ou violentadas em diversos contextos.

Quando pensamos em família e associamos a ela um membro com deficiência ou PAEE, naturalmente nos remetemos a um processo de transformação próprio da contemporaneidade. Essa transformação certamente se solidifica em diversos aspectos, sendo o primeiro deles condizente com as próprias expectativas dos pais em relação a sua prole, seguido de modificações e rupturas no âmbito social e político. Esse movimento de transmutar-se depende muito da visão familiar e, até mesmo, de experiências sociais prévias (em grupos ou igrejas que acolham/aceitem o sujeito, por exemplo) com a educação especial. Nessa vertente, muitas famílias experienciam, como demonstraremos nesta obra, momentos dolorosos, enquanto outras vivenciam a situação com olhar e posicionamento empáticos e proativos, buscando recursos sociais e medicinais, além de direitos voltados à PcD, a fim de oferecer uma melhor qualidade de vida ao parente deficiente.

## 1.2 Breve contextualização histórica: a escola

Conforme explanamos no início deste capítulo, a constituição familiar evoluiu à medida que se efetivavam as mudanças sociopolíticas e culturais. De igual modo aparecem a escola e seu contexto histórico, social e político. Perceberemos, nesta seção, que a educação especial e inclusiva não esteve presente em grande parte da construção do processo histórico educacional no Brasil.

Para estabelecermos uma ordem cronológica da constituição da escola brasileira, conhecendo as suas particularidades até a contemporaneidade, iniciamos nosso estudo pela década de 1500, na qual emergiu no Brasil um grupo, a princípio reduzido, de padres jesuítas que buscaram, com cunho missionário, promover momentos de educação entre a população indígena.

**Figura 1.2** – Os índios e os jesuítas no processo de escolarização

Com o passar de poucas décadas, esse momento, até então não considerado escolar, passou a ser escolarizado quando foi instituída, em 1549, a escola elementar. Essa escola, o Colégio dos Meninos de Jesus, tinha o mesmo intuito inicial: o de educar os indígenas e, agora, também os brancos, filhos de colonos. Já os negros e escravos seguiram excluídos e segregados. Essa educação visou sobretudo ao ensino da língua portuguesa e da religião, embasado em um modelo europeu (alicerçado em preceitos católicos) de fazer escola. Para Xavier (Xavier; Ribeiro, 1994, p. 41),

> os jesuítas deveriam cuidar da reprodução interna do contingente de sacerdotes, necessário para a garantia da continuidade da obra. Sua tarefa educativa era basicamente aculturar e converter "ignorantes" e "ingênuos", como os nativos, e criar uma atmosfera civilizada e religiosa para os degredados e aventureiros que para aqui viessem. Isso constituía uma empreitada que exigia muita criatividade no que diz respeito aos métodos de ação, considerada a heterogeneidade da clientela que tinham diante de si. [...] Tratava-se de dominar, pela fé, os instintos selvagens dos donos de terra, que nem sempre recebiam pacificamente os novos proprietários [...].

Esse foi apenas o primeiro de vários colégios criados pelos jesuítas. Próximo à década de 1570, o Brasil já contava com cinco escolas elementares e três colégios, geograficamente alocados em Porto Seguro, Ilhéus, São Vicente, Espírito Santo, São Paulo de Piratininga, Rio de Janeiro, Pernambuco e Bahia (Figura 1.3). Houve certamente, conforme os fatos e estudos históricos, uma intenção velada e política para a escolarização indígena, porém não vamos nos ater a isso, a princípio.

**Figura 1.3** – Colégio dos jesuítas na Bahia

Antigo Colégio dos Jesuítas em Salvador, Bahia.
Litografia de BENOIST, Ph. sobre fotografia de FROND, V. 1858-1861

A partir da década de 1750, os jesuítas saíram de cena com a implantação da Reforma Pombalina, que trouxe novos objetivos educacionais, agora voltados a formar pessoas que contribuíssem com a economia brasileira e que fossem dotadas de "razão", e não de religião. Com isso, o processo de escolarização brasileiro tomou outros rumos com as chamadas *aulas régias*, ou seja, aulas ministradas por professores nomeados pelos reis de Portugal.

Em 1808, adentramos o Período Joanino, relacionado à família real, que, por motivos políticos e econômicos, fundou as primeiras escolas de medicina do Brasil. Além desse fato relevante, outras mudanças socioculturais foram promovidas em terras brasileiras e interferiram no modelo educacional vigente. A partir de 1821, alguns fatos foram determinantes para a instituição escolar, entre eles a aprovação da Constituição brasileira, que garantia aos brasileiros o direito à educação primária gratuita. Esse foi um grande passo para a educação no país, que deixou de ser um direito exclusivo da elite e do sexo masculino.

A partir de então, metodologias pedagógicas foram desenvolvidas, entre elas o reconhecido método Lancaster[1], que, na verdade, surgiu para suprir a ausência de professores. Surgiram também as escolas primárias, os liceus, os ginásios e as academias. Ao final da referida década, o imperador Dom Pedro I instituiu, na República – garantindo assim a formação de administradores públicos e advogados – duas faculdades de Direito, porém a educação básica não apresentava boa qualidade, tampouco grandes feitos.

A República Velha também marcou a escola com decisões e ações específicas relativas à organização escolar. Foi nesse período que se efetivou a relevante reforma de Benjamin Constant, a qual buscou garantir aos cidadãos o direito à educação primária, laica e gratuita, conforme o art. 179 da Constituição em vigor.

Com a reforma de Benjamin Constant, ocorreram algumas transformações na área educacional, entre elas a intenção de tornar a escola uma instituição de fato formadora de alunos – quer dizer, que forma tanto o aspecto cognitivo quanto o social –, pensando já na organização dos cursos de

---

[1] Baseava-se no ensino de um grande número de pessoas com um único professor, por meio do auxílio dos monitores. Os estudantes eram agrupados de acordo com suas dificuldades e disciplinas e recebiam atividades correspondentes ao seu real nível de desenvolvimento.

ensino superior e também na adoção de um viés científico. Assim, algumas disciplinas com características científicas passaram a incrementar o rol de matérias, como Física, Química e Biologia.

Na sequência, houve outras reformas, como a de 1911, que agregou ao curso secundário a mesma característica de formação de sujeitos. Dessa maneira, a orientação positivista voltou à tona, pregando a liberdade de ensino e a revogação do diploma em detrimento do certificado de aproveitamento, transferindo os exames de admissão ao ensino superior.

Na década de 1920, emergiram no Brasil as primeiras concepções acerca do currículo e da organização escolar, bem como dos sujeitos partícipes da educação, seus posicionamentos, suas funções e seus deveres. Posteriormente, com base nessas contribuições teóricas, deu-se outro fato extremamente significativo: a elaboração do Manifesto dos Pioneiros.

Esse manifesto foi produzido por um grupo de professores, como Fernando de Azevedo, Anísio Teixeira, Lourenço Filho e Cecília Meireles, além de outros 23 educadores. Ele foi divulgado no meio educacional brasileiro em 1932 sob o título "A reconstrução educacional no Brasil: manifesto dos pioneiros da educação nova", em meio às reformas que já vinham ocorrendo e às conferências de educação promovidas pela Associação Brasileira de Educação e pelo Ministério da Educação e Saúde, as quais, sem dúvida, buscaram interferir nos aspectos não somente pedagógicos, mas também políticos, filosóficos e sociais.

Contudo, o documento objetivava uma escola laica e gratuita, além de obrigatória, porém com uma vertente educacional que valorizasse o próprio educando, diferenciando-se, assim, de processos pedagógicos anteriores e demandando a criação de um inédito plano geral de educação. Foi, então, proposta uma reformulação da política educacional em consonância com os direitos dos sujeitos sobre as bases da unificação do ensino e que instituísse a educação como dever total do Estado. Desse momento em diante, começou-se a traçar historicamente a luta por uma escola igualitária, que não segregasse indivíduos de certas classes sociais. No entanto, em nenhum momento foi incluída no Manifesto dos Pioneiros alguma exigência para atender aos alunos com deficiência.

Pensando na relação entre classes sociais e nos níveis de ensino, bem como no processo de profissionalização, de socialização e de diminuição das lacunas que compreendem as desigualdades sociais, encontramos a escola profissional e o ensino acadêmico. A primeira, até então, era destinada aos brasileiros de baixa renda e que não ingressariam no ensino superior, necessitando de uma profissão que possibilitasse seu sustento. O segundo, o ensino superior e acadêmico, era destinado às elites, distanciando e segregando outras classes sociais e a escola. Por meio do Manifesto dos Pioneiros, ambas as modalidades se tornaram um direito de todos, rompendo com a escola que privilegiava uma classe em detrimento de outras.

Sem dúvida, o Manifesto dos Pioneiros – suas particularidades, seus objetivos e seus interesses em relação à educação e ao processo político vigente – levantou não somente aplausos, mas também duras críticas, principalmente da Igreja Católica, participante ativa do debate sobre educação.

Em meio ao cenário citado, outros fatos ocorreram ao longo da década de 1930, como a aprovação da segunda Constituição da República, a qual assegurou o direito à educação na qualidade de dever tanto do governo quanto da própria família. Além disso, foram fundadas mais universidades e definidas normas e estatutos para reger o ensino superior no Brasil. Dessa maneira, percebemos que o processo educacional brasileiro foi delineado de acordo com os moldes atuais, ou seja, com o aspecto legal (políticas públicas, determinações e legislações) recente.

No Estado Novo, que compreendeu o período de 1937 até 1945, a educação voltou-se para as classes economicamente mais elevadas, evidenciando o conflito entre o capital e a classe operária, concebendo o aluno pobre como sujeito formado apenas para servir de mão de obra barata para atender às demandas políticas e econômicas do país.

Para finalizarmos esse panorama sobre contextos históricos da escola, precisamos antes entender algumas especificidades da República Nova, da ditadura e também da nova república. Certamente, em todos os períodos aqui descritos, tivemos correntes filosóficas e pedagógicas distintas, e na República Nova, a partir da década de 1960, a criação das escolas especiais, como veremos na sequência.

Um fato significativo desse período foi a publicação da Carta Magna de 1945, que determinou uma reforma totalitária da educação no âmbito nacional, atingindo as três etapas da educação brasileira: o ensino primário, o ensino médio e o ensino superior. Essas discussões se prolongaram por mais de uma década, e somente em 1961 a legislação privilegiou o setor privado no que se refere à oferta do ensino no Brasil. Além desse acontecimento, houve outros marcantes, entre os quais podemos citar: a criação do Ministério da Educação (MEC), que segue até hoje determinando pautas e ações quanto à educação do país, e a intervenção para reduzir o percentual de analfabetos, em especial os adultos, mediante aplicação do método idealizado por Paulo Freire.

Após esse período, ocorreu a ditadura militar com o *slogan* voltado à criação de uma revolução no âmbito educacional em nosso país, marcada pelo autoritarismo e pela eliminação das organizações estudantis – o que, no sentido prático, tornou a educação antidemocrática e gerou transtornos tanto para os docentes quanto para os estudantes. Os docentes, por sua vez, foram vigiados quanto a sua conduta em sala de aula, justamente para não reproduzirem um pensamento distinto do governo, ou seja, a fim de não provocarem e difundirem sentimentos, ações e forças contrárias ao que lhes fora imposto. Somaram-se a isso os inúmeros confrontos entre civis e policiais. Além dos vestibulares classificatórios para o ensino superior, o analfabetismo também ficou, na época, em evidência, da mesma forma que a promulgação da Lei de Diretrizes e Bases da Educação Nacional.

A partir da década de 1985, nitidamente as questões pedagógicas foram se distanciando da escola e, na nova república, foi necessário resgatá-las, ou seja, voltar-se, por exemplo, para a reflexão sobre as metodologias, o aluno, a sala de aula, a exploração dos espaços e tempos escolares. E mais: a escola e a sociedade, bem como os órgãos e as questões legais e normativas, passaram a trabalhar com uma educação fundamentada em projetos interdisciplinares. Nesse mesmo período, a educação especial veio à tona, almejando espaço nas discussões e garantias de direitos aos cidadãos com deficiência, além dos aspectos referentes à formação de professores capacitados para atendê-los.

Nessa perspectiva de educação inclusiva, a Constituição Federal de 1988, em seu art. 3º, procura estabelecer medidas inclusivas, assegurando a igualdade de oportunidades a todos os sujeitos, independente de origem, raça, sexo, cor, idade e quaisquer outras formas que gerem discriminação, nos âmbitos da educação, trabalho, esporte, cultura, saúde e lazer (Brasil, 1988).

Sintetizamos o panorama histórico-político da educação na linha do tempo da Figura 1.4, a seguir.

**Figura 1.4 – Linha do tempo da escola brasileira**

| Os jesuítas | Fundados os cursos de cirurgia no Brasil | Primeira escola normal da capital do Império, mantida e administrada pelos Poderes Públicos. | Escola tradicional | Constituição Federal |
|---|---|---|---|---|
| 1500 〉 1772 〉 1808 〉 1829 〉 1880 〉 1911 〉 1960 〉 1970 〉 1988 |

| | Fundada a Academia Científica | Artigo 179 da Constituição: educação primária gratuita para todos os cidadãos | Surge a Lei Orgânica de Rivadávia Côrrea, estabelecendo o ensino livre e retirando do Estado o poder de interferência. | Escola nova |

Fonte: Elaborado com base em Saviani, 2007.

A partir desse período, podemos notar elementos da atuação pedagógica de outras correntes filosóficas, como a tecnicista e a histórico-crítica. No âmbito da educação especial, a corrente histórico-crítica apresenta-se como bastante significativa, pois foi por meio dela que a escola tomou novos rumos, uma vez que se propõe a interferir na sociedade. Naturalmente, podemos acreditar que isso suscitou transformações, além do olhar crítico, que auxiliam na tomada de consciência da relação entre sociedade e escola.

Adentrando a etapa final da construção da instituição escolar no Brasil, associando-a à educação especial e inclusiva, é relevante atentarmos para os fatos apresentados na Figura 1.5.

**Figura 1.5 – Histórico da educação especial no Brasil**

### Século XVI a 1930

Houve as primeiras tentativas de institucionalização. A prática pedagógica da época baseou-se na psicologia e, sobretudo, na medicina.

### 1930-1973

Houve maior engajamento da sociedade civil e política, assim como tentativas de escolarização, empreendidas principalmente por instituições filantrópicas. Nessas instituições, a prática pedagógica preservou seu pilar médico-pedagógico, porém cedendo pouco a pouco espaço à vertente psicopedagógica.

### 1973 em diante

Houve a criação de órgãos normativos de âmbito federal e estadual, assim como a promoção de políticas sociais de equidade consubstanciadas em princípios integracionistas e inclusivistas. Em outras palavras, a terceira fase caracteriza-se pela institucionalização da educação especial. Com a multiplicação de instituições de atendimento ao excepcional, as bases da prática pedagógica e acadêmica também foram igualmente ampliadas. Além disso, a necessidade de construir e oferecer a todos, inclusive ao PAEE (público-alvo da educação especial e inclusiva), uma escola pública gratuita, laica, de qualidade e democrática foi, porém, por vezes subposta ao debate sobre o modelo de inclusão escolar do aluno deficiente (integração, educação inclusiva e inclusão total).

Fonte: Elaborado com base em Silva, 2014.

Certamente, transcorreu-se um extenso período desde a escola em estado germinal até a da contemporaneidade, entretanto, tal instituição sempre esteve em paralelo às questões sociopolíticas da nação. Esse pensamento se estende ao processo da configuração da escola inclusiva, que deve se abrir para a diversidade e buscar, concomitantemente, o desenvolvimento físico, cognitivo e social do educando PAEE, temática que aprofundaremos ao longo dos capítulos seguintes. Nessa perspectiva histórica e inclusiva, não podemos nos abster de comentar sobre um momento fundamental para a área, que ocorreu em meados da década de 1950, no município do Rio de Janeiro: o surgimento da Associação de Pais e Amigos dos Excepcionais (Apae) e sua atuação em território nacional.

O objetivo principal da Apae era, na época, oferecer atendimento médico com a intenção de desenvolver plenamente as PcD. Para tanto, parcerias significativas foram firmadas tanto no setor privado quanto no público, englobando especialmente profissionais dos campos da educação e da saúde. Com o tempo e os atendimentos realizados, a Apae expandiu sua atuação a nível nacional, reunindo-se assim como Federação Nacional das Apaes (Fenapaes). Alicerçada nas perspectivas filosóficas da Apae, a Fenapaes se responsabiliza pelo gerenciamento de "um movimento associativo entre famílias, escolas, organizações de saúde e sociedade, para promover e articular ações de defesa dos direitos das pessoas com deficiência intelectual e múltipla na perspectiva de sua inclusão social" (Carvalho; Carvalho; Costa, 2011, p. 15).

A Fenapaes está organizada de maneira a atender integralmente as PcD, conforme pode ser visto na Figura 1.6.

**Figura 1.6** – Organização da Fenapaes

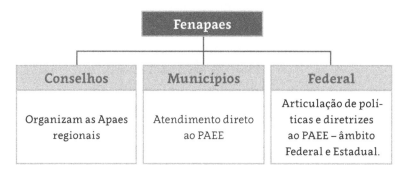

Fonte: Elaborado com base em Queiroz; Bedin, 2015.

Assim, a Fenapaes realiza um movimento significativo entre sociedade e famílias com membros PAEE, abrangendo aspectos políticos que promovam melhoria no cenário descrito.

## 1.3 As configurações familiares e a escola: estabelecendo e solidificando essa relação

A escola e a família são instituições essenciais na formação dos sujeitos, uma vez que são elas que, inicialmente, transmitem as primeiras ideias de sociedade, de coercitividade e de interação entre os pares. Abordaremos nesta seção a mútua relação entre elas, esclarecendo, de fato, a relevância dessa relação na formação integral do indivíduo.

Ao realizarmos um simples exercício de reflexão e análise do que se constitui e de como age a família, buscaremos, em sua maioria, o nosso próprio cenário. Tal fato faz com que as respostas desse exercício sejam diferentemente delineadas, visto que somos seres distintos, com experiências singulares e provenientes de contextos social, econômico e político diversos. É possível que, em contraste com seu cenário pessoal, você também perceba ao seu redor a existência de distintas formações familiares, que apresentam ou não membros com deficiência. Na contemporaneidade, por exemplo, depararmo-nos com estruturas compostas por PcD deixou de ser incomum, afinal, estamos em busca de uma sociedade que enalteça a aceitação ao que é diverso.

Em outras palavras, a sociedade está alicerçada em diferentes configurações familiares, que foram constituídas com o passar das décadas e se rearticularam conforme as necessidades sociais e, especialmente, de relacionamento entre os pares. Assim, a família considerada tradicional, formada por pais e filhos, nem sempre é aquela encontrada no ambiente escolar.

A sociedade, fortemente influenciada por questões tecnológicas – redes sociais, *sites* de relacionamento, palestras virtuais etc., que unem pessoas e geram conhecimentos –, promoveu uma maior comunicação entre os sujeitos, aproximando-os e, em algumas situações, afastando-os, favorecendo a construção de outras constituições familiares. Nesse viés, é necessário compreendermos os mais distintos modelos de família para interpretarmos sua relação com a escola.

Iniciemos pelas **famílias nucleares**, exatamente as tradicionais. Em sua composição encontramos os pais e a prole, ou seja, a mãe, o pai e os filhos. Nelas não há abertura para outros integrantes, mas, sem dúvida, há maior incidência de PcD, já que as demais formações familiares, via de regra, derivam dela. Há particularidades desse modelo que, certamente, se relacionam com crenças religiosas e culturais específicas. Exemplos disso são o próprio casamento e a exigência social de que ele seja sólido e transmita felicidade a toda a família. Nessa perspectiva, o divórcio não é bem visto e representa o distanciamento, a ruptura, o fracasso e a infelicidade dos membros.

Nesse sentido, ao observar a instituição escolar atualmente, percebemos que, quando há a ruptura daquela estrutura nuclear, resulta, na maioria dos casos, em impacto considerável nos resultados dos filhos ao longo do processo de ensino e aprendizagem e nas interações deles com os demais colegas. Assim, esse se torna um ponto fundamental que deve ser assistido pela instituição escolar, pois, para a criança com ou sem deficiência, é como vivenciar uma grande frustração ou um luto, havendo transformações na rotina da família e no contato físico/afetivo. Segundo Laplanche e Pontalis (2016, p. 203), a frustração é uma "Condição do sujeito a quem é recusada, ou que recusa a si mesmo, a satisfação de uma exigência pulsional". Trata-se da tradução do termo alemão Versagung, que "não designa apenas um dado de fato, mas uma relação que implica uma recusa [...] por parte do agente e uma exigência mais ou menos formulada em demanda por parte do sujeito" (Laplanche; Pontalis, 2016, p. 203).

Atualmente, não há mais a presença constante do pai ou da mãe no mesmo ambiente doméstico e é exatamente essa ausência no dia a dia que interfere nas relações e nas atividades escolares. Quando esse cenário de ausência paterna ou materna está vinculado a uma criança com deficiência, o fato pode ser sentido de forma intensificada, pois, como se sabe, em geral as famílias protegem exacerbadamente o familiar deficiente, o que pode tornar os vínculos afetivos entre eles mais fortes/sólidos que os percebidos noutras famílias sem deficientes. Com isso, exige-se maiores esforços (afetividade, orientação, compreensão etc.) por parte da instituição escolar e seus profissionais a fim de ajudar o estudante a lidar com a ruptura/frustração.

Um segundo modelo familiar igualmente importante é a **família monoparental**, estrutura atrelada aos novos paradigmas científicos e às conquistas do movimento feminista. Para compreendê-lo, precisamos nos voltar para o século XVIII. Quando da produção da Declaração dos Direitos Universais na Revolução Francesa, no final da década de 1780, a democracia sofreu uma forte crítica por não incluir os direitos das mulheres nesse documento, ou seja, por socialmente continuar desprovendo-as de direitos e deveres. Em resposta a isso, o movimento feminista se organizou e impulsionou a busca do ideal democrático e liberal, a luta por direitos políticos e civis.

Certamente, esse foi o primeiro passo para que a politização de questões privadas e a valorização da mulher na condição de sujeito ocorressem. A partir de então, conquistas foram alcançadas, mesmo que a longo prazo – e aqui estamos falando de décadas e séculos. Adentrando o século XX, na década de 1960, o combate à violência doméstica ganhou força e a associação naturalizada entre a mulher, a maternidade e as relações conjugais também foi contestada com o auxílio da ciência. A figura feminina estava vinculada, até então, ao desejo universal da maternidade; contudo, com os métodos conceptivos e contraceptivos lançados no mercado, as mulheres puderam escolher serem ou não mães, mediante conjunção carnal ou sem relações sexuais para constituírem suas próprias famílias.

Com esses fatos históricos se consolidou a família monoparental, ou seja, aquela que surge de produções independentes. Nessa configuração familiar também se inserem famílias formadas devido a divórcios e separações em que um dos pais deixa de se relacionar com a prole – realidade bastante conhecida na sociedade brasileira, sobretudo as mulheres que criam seus filhos sozinhas. Se você observar o entorno, possivelmente se lembrará de alguma história que ilustre esse contexto. Nesse grupo familiar também encontramos a mãe que cria seu filho com deficiência após o abandono da figura paterna.

Assim, a sociedade moderna e as conquistas femininas contribuíram de maneira significativa para as transformações familiares. Uma ação emblemática foi, sem dúvida, a entrada da mulher no mercado de trabalho. Em sociedades anteriores, ela era criada e educada para os trabalhos domésticos, o casamento, a dependência financeira do marido e a criação dos filhos. Já os homens eram educados para o mundo do trabalho.

Essa situação de submissão permeou o universo feminino por muitos séculos, alterando-se radicalmente em meados dos séculos XX e XXI. A mulher deu um grande salto nesse aspecto e, seguramente, buscou sua independência econômica. A partir de então, as relações conjugais sofreram algumas rupturas, pois a mulher, antes dependente economicamente do homem, permanecia por toda a vida presa ao matrimônio, inclusive com o intuito de criar os filhos. Nessa conjuntura, o homem era o provedor do lar e da família e, em troca, era servido pelos membros familiares. Mesmo que a esposa se sentisse infeliz na relação conjugal, não havia outra possibilidade: além de todas as questões que mencionamos antes, ali permaneceria por questões também sociais, porque, como já dissemos, o divórcio não era bem visto.

A configuração familiar denominada **binuclear** é oriunda dessa situação há pouco descrita, ou seja, com a independência feminina, passou a inexistir a obrigatoriedade de permanência conjugal. Assim, estando uma das partes insatisfeita, o casamento pode ser desfeito, no entanto, os filhos, nesse modelo, continuam sob responsabilidade do casal. Não há, nesse caso, o abandono da prole, mas a guarda compartilhada dela, inclusive dos filhos com deficiência. Nesse sentido, tanto o pai quanto a mãe continuam se responsabilizando por todos os aspectos que envolvem o cuidado dos filhos, incluindo a educação. Dessa maneira, a escola também precisa adaptar-se para receber e acolher (como a Festa da Família em substituição às comemorações tradicionais, por exemplo) integrantes dessa constituição familiar.

Outro modelo familiar muito comum na sociedade contemporânea são as **famílias reconstituídas**. Como dissemos, as transformações sociais da mulher interferiram significativamente nas relações conjugais, dando a ela o direito de escolher entre diversas situações, inclusive sobre a reconstituição do seu núcleo familiar.

Rotineiramente escutamos a frase: "Os seus, os meus e os nossos", e é exatamente esse o contexto referente às famílias reconstituídas, isto é, aquelas em que há a junção entre membros de famílias distintas a fim de criar uma nova organização. Nessa situação, o motivo que gerou a ruptura e a reconstrução do núcleo não é considerado: pode ser um divórcio, uma produção independente ou até mesmo uma viuvez. Uma das dificuldades sinalizadas pelos sujeitos que estão inseridos nessa estrutura é o respeito aos limites e às regras instituídas. Em sua maioria, os filhos da mulher ou do homem já possuem orientações recebidas do modelo anterior do qual provinham. Assim, mudar/adaptar essas concepções pela implementação de novas condições nem sempre é tarefa fácil. Nesse contexto, a escola precisa estreitar os laços que construiu com a família, objetivando auxiliar no processo de escolarização e de socialização dos filhos desse novo casal.

Um dos modelos familiares que mais se entrelaça com a sociedade moderna é o da **família homoafetiva**. Essa configuração levanta discussões sobre família e reprodução e suscita estudos de gênero acerca do papel, tanto social quanto sexual, atribuído pela sociedade ao homem e à mulher. Os casais que vivenciam socialmente uma relação homoafetiva enfrentam um ambiente preconceituoso, o que naturalmente ocasiona alguns conflitos de diversas ordens, como de aspectos legais. Legalmente, mesmo com conquistas importantes, ainda há barreiras relevantes quando se trata de direitos dos casais e das famílias homoafetivas, como a questão das heranças e da adoção de filhos, por exemplo.

Nessa perspectiva, a sociedade insere a família homoafetiva em um cenário de exclusão, atitude influenciada, por vezes, pelos valores recebidos e internalizados ao longo da vida e, ainda, por imposições religiosas, podendo chegar ao ponto de se classificar a família e seus membros homoafetivos como doentes físicos, emocionais e, até mesmo, espirituais.

Outro ponto que se destaca na família homoafetiva, sobretudo aquelas com filhos, é muitos crerem que a relação homossexual possa afetar de maneira negativa o desenvolvimento dos filhos e as relações interpessoais destes. Nessa vertente, alguns indivíduos acreditam que as proles desse modelo familiar, possivelmente também serão homossexuais. Nesse ponto, cabe uma reflexão significativa: majoritariamente, os homossexuais são filhos de heterossexuais. Conforme explana a juíza Maria Berenice Dias, desembargadora do Tribunal de Justiça do Rio Grande do Sul,

> As evidências trazidas pelas pesquisas não permitem vislumbrar a possibilidade de ocorrência de distúrbios ou desvios de conduta pelo fato de alguém ter dois pais ou duas mães. Não foram constatados quaisquer efeitos danosos ao normal desenvolvimento moral ou à estabilidade emocional decorrentes do convívio com pais do mesmo sexo. Também não há registro de dano sequer potencial ou risco ao sadio desenvolvimento dos vínculos afetivos. Igualmente nada comprova que a falta de modelo heterossexual acarreta perda de referenciais a tornar confusa a identidade de gênero. Diante de tais resultados, não há como prevalecer o mito de que a homossexualidade dos genitores gere patologias nos filhos. Nada justifica a estigmatizada visão de que a criança que vive em um lar homossexual será socialmente rejeitada ou haverá prejuízo a sua inserção social. (Dias, 2020, p. 1)

Podemos concluir, com base no exposto, que os problemas que se colocam às famílias homoparentais são de ordem social, jurídica e política – à semelhança do transcorrido em todas as situações anteriores de mudança na instituição familiar, como o advento do estatuto do divórcio e a existência de pais/mães solteiros nos anos de 1970 e 1980. Cabe, nesse ponto, citar que, dentre as configurações apresentadas, a homoparental é a que, na atualidade, mais vemos adotar crianças com deficiência para compor o grupo familiar.

A família, como vimos no decorrer deste capítulo, transmite conhecimentos amplos – como a cultura e as normas essenciais e gerais – aos seus membros, especialmente crianças, além de prover e assistir a prole (com moradia, alimentação, vestimenta e educação) em todos os aspectos de seu desenvolvimento. Podemos, assim, afirmar que todos os modelos familiares podem ter um membro com deficiência, seja física, seja intelectual.

É fundamental que, independente do modelo familiar, consigamos compreender que há PcD ou de outros segmentos da população inseridas em todas as configurações familiares. Os modelos familiares nos orientam quanto a sua composição estrutural, mas não delimitam a inclusão em seus núcleos. Assim, uma família considerada tradicional pode empreender um processo de inclusão da mesma maneira que uma família homoafetiva.

## Curiosidade

Há famílias que possuem membros pertencentes ao público-alvo da educação infantil e se mobilizam criando movimentos de pais e familiares. Um exemplo disso é o movimento dos pais e familiares de pessoas com síndrome de Down, o qual podemos acompanhar pelo seguinte *site*:

MOVIMENTO DOWN. Disponível em: <http://www.movimento down.org.br/>. Acesso em: 24 ago. 2019.

A Figura 1.7, a seguir, sintetiza as configurações familiares de que tratamos até agora.

**Figura 1.7** – As distintas configurações familiares

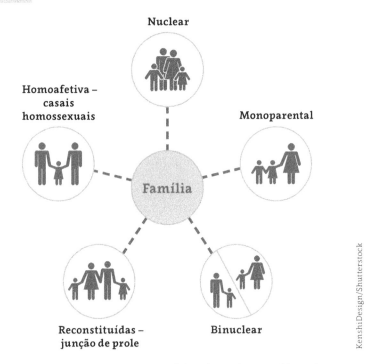

Fonte: Elaborado com base em Silva; Bolze, 2019.

Em síntese, com essa explanação sobre configurações familiares, percebemos de maneira muito clara que a escola deve reconhecer os modelos de família existentes na contemporaneidade e proporcionar meios para que todos, sem exceção, sejam não somente integrados, mas incluídos na comunidade escolar.

## 1.4 A escola, a família e a sociedade

A relação entre a escola, a família e a sociedade interfere, como apontamos antes, no processo de formação integral do sujeito. Tal educação integral é entendida como aquela composta por várias especificações, como se pode observar na Figura 1.8.

**Figura 1.8** – Educação integral

Fonte: Elaborado com base em Brasil, 2009.

Nesse sentido, a educação integral passa a ser aqui considerada capaz de formar o sujeito em sua totalidade, independentemente da etapa educacional em que se encontre e da faixa etária a que ele pertença, incluindo não somente aspectos que envolvem conteúdos, mas também a formação moral, social e emocional. Dessa maneira, é preciso separar as três instituições – escola, família e sociedade – para compreender a relevância de cada uma delas isoladamente na vida de uma criança em desenvolvimento, a fim de, na sequência, realizarmos uma aproximação entre as três.

> **Preste atenção!**
>
> Você sabia que a escola, a família e o Estado são responsáveis pela formação de nossas crianças com ou sem deficiência? A Lei de Diretrizes e Bases da Educação Nacional (LDBEN) – Lei n. 9.394, de 20 de dezembro de 1996 –, no art. 2º, apresenta e fixa essa obrigatoriedade ao afirmar: "A educação, dever da família e do Estado, inspirada nos princípios de liberdade e nos ideais de solidariedade humana, tem por finalidade o pleno desenvolvimento do educando, seu preparo para o exercício da cidadania e sua qualificação para o trabalho" (Brasil, 1996).

Anterior à escola há o papel fundamental da família, que é responsável direta pelas primeiras experiências das proles: socialização, integração e aprendizagens. Diante disso, os laços afetivos e familiares, consanguíneos ou não (no caso de filhos adotivos), tornam-se essenciais para a estruturação psíquica desde os primeiros momentos de vida (Salvari; Dias, 2006). Assim, a família ocupa a posição inicial e de maior relevância no processo de construção de conhecimentos, de forma mais enraizada que a própria escola.

A conexão entre família e escola, muitas vezes, gera conflitos na formação dos sujeitos, pois há, sobretudo por parte da família, uma errônea visão de que a escola é responsável em sua totalidade pela formação das crianças. Desse modo, é preciso uma conscientização social de qual é o papel, de fato, da instituição formal escolar. Certamente, a sua função não fica restrita aos livros didáticos e conteúdos em geral, mas há uma dupla atribuição nessa relação, ficando a cargo da escola e também da família a condução do processo educativo do cidadão.

Na perspectiva de um trabalho coletivo para a formação integral do aluno, embasado em pesquisas e estudos sobre essa temática, os quais foram intensificados ao longo da década de 1990, percebe-se a relevância, principalmente da família, de se acompanhar e participar ativamente de todo o processo. Para a criança de inclusão, isso não difere, pelo contrário, se intensifica. Veremos em capítulos posteriores como isso acontece na prática.

Para que profissionais da área educacional percebam a necessidade da presença da família no cotidiano escolar e o envolvimento e a motivação da prole no processo de escolarização, devem ter em vista algumas especificidades e objetivos do Plano Nacional da Educação (PNE). O PNE determina diretrizes, metas e estratégias para a política educacional dos próximos 10 anos. Ao classificar as metas em grupos, a publicação do Ministério da Educação (MEC) *Planejando a próxima década: conhecendo as 20 Metas do Plano Nacional de Educação* esclarece:

> Há metas estruturantes para a garantia do direito à educação básica com qualidade, que dizem respeito ao acesso, à universalização da alfabetização e à ampliação da escolaridade e das oportunidades educacionais. [...] Um segundo grupo de metas diz respeito especificamente à redução das desigualdades e à valorização da diversidade, caminhos imprescindíveis para a equidade. [...] Um terceiro bloco de metas trata da valorização dos profissionais da educação, considerada estratégica para que as metas anteriores sejam atingidas. [...] Um quarto grupo

de metas refere-se ao ensino superior [...]. (Brasil, 2014, citado por Silva, 2018, p. 6)

Ao buscarmos a união e a ação conjunta – família e escola –, necessariamente estamos refletindo sobre a consolidação e a execução de uma gestão democrática e abrindo as portas, de fato, da escola básica, convidando os pais e responsáveis para garantirem uma melhora significativa na qualidade educacional, bem como no desenvolvimento dos filhos. Essa participação remete a Libâneo e seus conceitos de participação e autonomia.

> O conceito de participação fundamenta-se no princípio da autonomia, que significa a capacidade das pessoas e dos grupos para a livre determinação de si próprios, isto é, para a condução da própria vida. Como a autonomia opõe-se às formas autoritárias de tomadas de decisão, sua realização concreta nas instituições dá-se pela participação livre na escolha de objetivos e processos de trabalho e na construção conjunta do ambiente de trabalho. (Libâneo; Oliveira; Toschi, 2003, p. 328)

Dessa maneira, a família consegue se aproximar da escola não somente no âmbito de julgamentos e exigências, mas também para perceber as limitações desse sistema e, de maneira positiva, fiscalizar os recursos destinados a programas, além de contribuir para a melhoria da instituição e da qualidade educacional. No caso de uma escola inclusiva, diversos apontamentos são fundamentais para que ela aconteça e estão além das questões estruturais do prédio escolar, abrangendo o fazer educação realmente, envolvendo a visão de mundo dos profissionais ali alocados, assim como a experiência e a formação deles. Nesse sentido, a escola inclusiva necessita de profissionais que estejam preparados em diversos aspectos, sobretudo cognitivos.

Nesse quesito, a meta 19 do Plano Nacional da Educação é fundamental, como podemos verificar na Figura 1.9.

**Figura 1.9** – Meta 19 do Plano Nacional da Educação

Garantir, mediante lei específica aprovada no âmbito dos Estados, do Distrito Federal e dos Municípios, a nomeação comissionada de diretores de escola vinculada a critérios técnicos de mérito e desempenho e à participação da comu idade escolar.

Fonte: Elaborado com base em Udemo, 2020.

Ao se instituir uma gestão democrática e, consequentemente, propiciar a participação da comunidade escolar, algumas ações tornam-se essenciais, como a criação de canais de comunicação entre escola, alunos, pais e responsáveis e corpo docente. Um outro exemplo dessa gestão são os grêmios estudantis e as associações de pais. A relação sólida entre família e instituição escolar, com participações ativas nesse ambiente, compreende-se como uma extensão do próprio lar, visando auxiliar na formação e no desenvolvimento da criança.

Com base nesse pensamento, a sociedade se insere na efetivação do processo educativo, tecendo uma grande teia formada pelo tripé escola, família e sociedade, sem segregação no que tange à formação do ser humano. Dessa maneira, constitui-se direito de todos o acesso à educação básica e gratuita. Esse processo democrático que envolve a escola e a sociedade certamente inclui o PAEE. Assim, para vislumbrar a ideia de uma escola democrática, com uma gestão participativa e que busque desenvolver o ser humano da melhor maneira, apresentamos a meta 4 do Plano Nacional da Educação, que inclui o educando da educação especial nesse cenário, ou seja, no ensino regular.

**Figura 1.10** – Meta 4 do Plano Nacional da Educação

Universalizar, para a população de 4 a 17 anos com deficiência, transtornos globais do desenvolvimento e altas habilidades ou superdotação, o acesso à educação básica e ao atendimento educacional especializado, preferencialmente na rede regular de ensino, com a garantia de sistema educacional inclusivo, de salas de recursos multifuncionais, classes, escolas ou serviços especializados, públicos ou conveniados.

Fonte: Elaborado com base em Brasil, 2014.

Assim, notamos que sociedade, escola e família são coletivamente responsáveis pelo desenvolvimento do aluno caracterizado como PAEE. A escola é a extensão do lar, da família e da própria sociedade. Desse modo, valores morais e sociais, aceitação e convivência, respeito, afetividade, desenvolvimento, interação e conhecimento estão presentes em todos os três ambientes, mas fica a cargo de cada sujeito participar ativamente do processo que envolve o desenvolvimento social, emocional e educacional das crianças.

## Síntese

Neste capítulo, buscamos explorar de maneira ampla algumas particularidades da relação família e escola. Para isso, apontamos os aspectos conceituais e enfatizamos a construção sócio-histórica e política da escola, o que permitiu reconhecer as características dessa instituição em momentos distintos.

Assim, fizemos conexões entre décadas específicas e a contemporaneidade, proporcionando, com isso, saberes e analogias significativas a respeito da temática escola, família e sociedade. Dessa maneira, inicialmente, abordamos a família e sua construção no âmbito coletivo, apresentando a necessidade do ser humano de conviver com seus pares e a delimitação de funções deste, inclusive com base no gênero, tanto na sociedade quanto no seio familiar.

Com base nisso, outras configurações coletivas foram se desenhando concomitantemente à evolução do homem como sujeito pensante e partícipe de uma sociedade classificadora. Nesse sentido, a família constituída por filhos com deficiência ou PAEE foi descrita com algumas especificidades que, em posterior momento desta obra, serão esmiuçadas.

Buscamos ainda explanar as ações educacionais que foram efetivadas ao longo do tempo, sob influência de fatores sociais, econômicos e políticos do país. Nesse recorte histórico, partimos do período em que as terras brasileiras foram ocupadas pelos portugueses e pelos jesuítas, passando pela escola nova e chegando à escola do século XXI. Nessa última, demos enfoque à escola inclusiva, que procura desconstruir os preconceitos sociais enraizados sobre o estudante com deficiência e o público-alvo dessa modalidade de ensino.

Na conclusão do capítulo, procuramos estabelecer uma analogia entre o tripé escola, família e sociedade, chamando atenção para os benefícios e a relevância da construção do desenvolvimento do educando e da participação, sobretudo familiar, nesse processo. Para fundamentar nossa defesa dessa atuação coletiva das três referidas "esferas", também procuramos relacionar o assunto em questão ao PNE e suas metas. Abordamos, por fim, a gestão democrática e a participação da comunidade escolar na escola inclusiva, unificando a responsabilidade pela aceitação da diversidade em ambiente escolar, em especial no que tange às especificidades dos alunos com deficiência e PAEE.

## Indicação cultural

GABY, uma história verdadeira. Direção: Luis Mandoki. EUA/México, 1987. 110 min.

Para auxiliar na compreensão das particularidades da educação apresentadas neste capítulo, indicamos o filme *Gaby, uma história verdadeira*. A personagem principal é filha de refugiados europeus no México e nasceu com paralisia cerebral, condição que afetou sua mobilidade, mas preservou suas capacidades cognitivas. Na trama, ela sempre é incentivada pelos pais e por sua cuidadora a persistir e a seguir com seu processo de escolarização. Ilustrando a atuação do tripé família, trabalho e sociedade, esse filme nos permite acompanhar a superação de uma PcD, principalmente ao mostrar a protagonista ingressando em uma universidade e se tornando escritora.

# Atividades de autoavaliação

1. As famílias vêm sendo constituídas desde o período da Pré-História e, de fato, muito se aprendeu com o convívio proporcionado por essa instituição. Naturalmente, escola e sociedade estão inclusas nesse caminhar histórico. A respeito desses três grupos, assinale a alternativa que contempla uma de suas características mais relevantes:
   a) Viver isoladamente.
   b) Ausência de interação social.
   c) Promover a segregação.
   d) Conviver em comunidade.
   e) Viver em pequenas colônias.

2. Com base no contexto histórico do homem do século XVII, analise as alternativas a seguir e assinale aquela que denota corretamente a característica social desse sujeito quando atrelado ao processo de escolarização:
   a) Construção individual de aprendizagens.
   b) Perpetuação dos valores e das especificidades da família.
   c) Mediação da integração social.
   d) Transformação cultural e de aprendizagens.
   e) Memorização de saberes sistematizados.

3. A escola, a sociedade e a família sofreram transformações intensas durante séculos até a contemporaneidade. Pensando no contexto escolar, suas significativas evoluções buscaram contemplar as esferas sociais e, igualmente, todos os níveis, modalidades e especificidades de ensino. Analise as alternativas a seguir e assinale aquela que apresenta a modalidade que não foi vista historicamente como foco de interesse escolar, social e político:

   a) A educação formal.
   b) A educação básica.
   c) A educação especial.
   d) A escola fundamental.
   e) A educação técnica.

4. Analise o trecho a seguir e complete as frases referentes à temática da relação escola e família e ao estabelecimento e à solidificação dessa relação:

   _____ e _____ são instituições essenciais na formação dos sujeitos. São elas que, inicialmente, transmitiram as primeiras ideias de sociedade, de _____ e de interação entre os pares.

   Assinale a alternativa que contém as palavras que completam corretamente o texto:

   a) A sociedade, a mulher, leis.
   b) Os pais, a família, leis.
   c) A escola, a família, coercitividade.

d) A mulher, a escola, leis.

e) A criança, a mãe, leis.

5. O Plano Nacional de Educação possui metas que estão relacionadas ao público-alvo da educação especial e inclusiva, entre elas a meta número 4, que apresenta:

a) a garantia do acesso à educação básica e ao atendimento educacional especializado.

b) a matrícula na escola especial para atender o público-alvo da educação especial e inclusiva.

c) a exclusão do atendimento educacional inclusivo e das salas de recursos multifuncionais.

d) o atendimento às crianças na primeira infância, com deficiência, na escola regular.

e) a retirada do atendimento educacional inclusivo e a abertura de escolas de educação especial.

## Atividades de aprendizagem

### Questões para reflexão

1. Ao longo do capítulo, diversos pontos foram apresentados relacionando a sociedade à família, permitindo compreender o percurso de formação das distintas configurações familiares e as características da escola em cada nova conjuntura. Nesse momento, você, caro leitor, deverá construir uma linha do tempo explicando os tópicos relevantes com os quais se deparou no capítulo. Use a criatividade, a leitura crítica e os recursos digitais para construí-la. Em seguida, reflita sobre as informações expostas na linha do tempo e as conexões delas com a educação contemporânea.

2. Com base no contexto histórico e social da aprendizagem, reflita sobre as principais características da escola básica que você vivenciou. Em seguida, com essa autoanálise, compartilhe seu relato e discuta com seus colegas sobre as distinções e aproximações percebidas entre suas respectivas experiências.

## Atividade aplicada: prática

1. Este capítulo apresentou diversos dados históricos sobre a educação especial e inclusiva e sobre a construção socioeducacional no Brasil. Organize os pontos que considerar relevantes e entreviste um profissional da área da educação a respeito dessas questões.

Capítulo 2
# Inclusão escolar: diversidade, diferença e alteridade

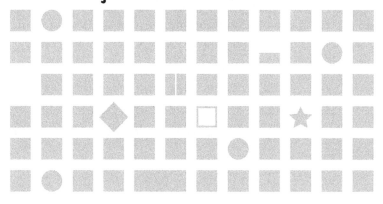

*"O eu só é construído mediante interação com o outro carregada de significado. Assim sendo, se não houver alteridade, a hegemonia presente na cultura e no senso comum dominará o outro, acabando por impor suas crenças e ideias".*

Sakaguti (2017, p. 53)

Neste capítulo, explanaremos diversos contextos concernentes ao processo de inclusão escolar, primeiramente com enfoque no público-alvo da educação especial, na qual estão incluídos os alunos com deficiência, transtornos globais do desenvolvimento, além de altas habilidades ou superdotação. Além disso, reconheceremos as características e distinções entre os conceitos de norma e normalidade.

Em um segundo momento, buscaremos também conceituar e elucidar, concentrando-nos em situações educativas de inclusão, o que de fato são *diferença*, *diversidade* e *alteridade*. Seguindo essa perspectiva, identificaremos as possibilidades que existem para a concretização da inclusão (melhoria das limitações físicas, das relações sociais, das possibilidades de exercício de cidadania, do trabalho etc.) e que estão intensamente atreladas ao fortalecimento da rede de apoio à inclusão escolar, incluindo os profissionais que dessa rede fazem parte. Para finalizarmos, adentraremos na questão da educação inclusiva em todos os níveis de ensino, abordando as mais relevantes ações políticas quanto ao processo de escolarização do sujeito público-alvo da educação especial e inclusiva (doravante PAEE).

## 2.1 Inclusão escolar e o público-alvo da educação especial e inclusiva: distinções entre *norma* e *normalidade*

A escola possui a função de vincular-se aos sujeitos e construir com eles uma educação que lhes permita orientar, influenciar e decidir sobre os diferentes assuntos/pautas que permeiam tanto a própria educação quanto a vida em comunidade. Com isso, o diálogo e a possibilidade de produzir e reconfigurar saberes são assegurados aos estudantes, que são valorizados, assim como seu contexto social, para além das perspectivas econômica e política. No entanto, sabemos que essa maneira de "fazer escola" nem sempre esteve apta e disponível para proporcionar uma educação inclusiva.

Nesse viés inclusivo, a escola era vista como delimitada, o que remete ao direito inerente do cidadão brasileiro de frequentá-la em sua amplitude e de nela vivenciar todas as possibilidades de desenvolvimento e interação, conforme já afirmamos anteriormente. É fundamental percebermos que o termo *delimitada* foi usado aqui justamente pelo fato dessa instituição, que aos olhos da sociedade era/é fundamental, segregar o processo de escolarização a partir do momento em que classifica seu público, como demonstraremos mais adiante, convertendo, por conseguinte, o direito à educação em privilégio de alguns.

Tal privilégio foi, sem dúvida, fortalecido pelas práticas e políticas educacionais e, é claro, também por posicionamentos sociais. Esse apanhado de situações colocou os cidadãos que não apresentavam deficiência em uma escola de ensino homogêneo, isto é, sem diversidade, todos no mesmo padrão, no mesmo nível e recebendo as mesmas condições para o seu desenvolvimento.

Nessa ação de determinar o grupo e até mesmo de classificar e regulamentar os sujeitos, há o que denominamos *norma*. A **norma** é, no âmbito educacional, um padrão comum, uma medida de comparação e comparabilidade, que define exatamente o grupo que terá acesso a certa educação. Podemos, então, classificar a *norma* como uma particularidade, uma referência que identifica o grupo ou as circunstâncias dele, como uma prescrição, uma determinação, uma regra.

Ao transpormos esse pensamento inicial sobre norma para o cenário educacional, concebemos a educação regular como aquela que distingue os educandos em função de alguns parâmetros, como a cultura e as características intelectuais e físicas. Nessa perspectiva, certamente devemos refletir sobre o grupo ou os grupos que não estão associados a esse parâmetro, a essa regra, a essa prescrição. O que de fato acontece com eles? Afinal, referimo-nos aqui a um modelo educacional que segrega, que classifica e que, por fim, exclui. Ao longo deste capítulo, trataremos dessa temática a fim de resolvermos esse questionamento.

Podemos ilustrar a norma como o exposto na Figura 2.1, a seguir.

**Figura 2.1** – A sociedade e a escola no processo de incluir e excluir

Fonte: Elaborado com base em Brasil, 2008a.

A partir de então, definimos que a escolarização na educação regular excluía determinados grupos, aqueles que não pertenciam ao padrão preestabelecido. Esse cenário, conforme o Ministério da Educação (MEC) e a Política Nacional de Educação Especial na Perspectiva da Educação Inclusiva, contribuiu, entre outras consequências, para o fracasso escolar.

> A partir do processo de democratização da educação [...] os sistemas de ensino universalizam o acesso, mas continuam excluindo indivíduos e grupos considerados fora dos padrões homogeneizadores da escola. Assim, sob formas distintas, a exclusão tem apresentado características comuns nos

processos de segregação e integração que pressupõem a seleção, naturalizando o fracasso escolar. (Brasil, 2008a)

Contudo, devemos ressaltar que a norma tem, na verdade, a intenção de incluir, porém o faz de acordo com uma classificação tomada como parâmetro, ou seja, incluir a todos segundo critérios predefinidos de grupos sociais, da instituição escolar ou de determinações legais. Dessa maneira, a norma apresenta características peculiares: a homogeneização das pessoas e a fabricação de um modelo social (de indivíduos e de escolarização) tomado como ideal.

Ocorreu, então, uma espécie de salto significativo no processo de escolarização da pessoa com deficiência (PcD), pois surgiu o que identificamos como um "processo democrático da escola"[1]. Aliadas a essa concepção, houve nesse novo contexto histórico a interferência dos direitos humanos e a possibilidade do pleno exercício da cidadania.

Para a educação inclusiva, isso significou um processo, ou uma tentativa, de inclusão, permitindo que a escola fosse – de fato e de direito – uma garantia, com acesso livre e não mais restrito a públicos específicos. Nessa perspectiva, a educação especial passou a ser reconhecida como a especialista que oferece atendimento educacional a alunos com deficiência, transtornos globais do desenvolvimento, altas habilidades e superdotação.

É relevante ressaltarmos que, com essa nova postura, a exclusão se instalou de maneira velada, uma vez que não ocorreu

---

1   A palavra *democracia* é originária do grego *demokratía*, que é composta pelos termos *demos* e *kratos*, os quais significam "povo" e "poder", respectivamente (Godoy; Inácio; Gouveia, 2017).

uma educação para todos, mas sim uma educação especial substituindo a escola regular. Assim, instituições e classes especiais emergiram, além, é claro, de novos estudos, pensamentos, metodologias e conceitos relacionados à área.

Pensando no que foi há pouco exposto, conceituaremos, a partir deste momento, a normalidade. A **normalidade** se constitui um elo entre os conceitos de normal e anormal, que diretamente se relacionam ao conceito de norma. Segundo Canguilhem (2000, p. 113), "um ser vivo é normal num determinado meio na medida em que ele é a solução morfológica e funcional encontrada pela vida para responder a todas as exigências do meio". Tudo o que não se enquadra nessa classificação social e biológica de normalidade é, portanto, considerado anormal.

Assim, se a *norma* é o que socialmente caracteriza e categoriza os sujeitos como *normais* ou *anormais*, o ato de policiar essas condutas é definido como *normalidade* ou *normalização*. Segundo Foucault (1991, p. 164),

a norma é entendida como elemento a circular entre o disciplinar e o regulamentador, tendo como função, desta maneira, a capacidade de controlar e disciplinar o corpo e acontecimentos de uma sociedade. Surge então, no século XVIII, um novo poder o qual se exerce continuamente por vigilância. Esse poder que surge é o poder disciplinar, necessário para a garantia da normalidade. A disciplina traz em seu bojo o discurso da regra, o discurso da norma e definirá o código da normalização. Aparece, através das disciplinas, o poder da norma.

Nessa perspectiva, e de acordo com a conceituação apresentada sobre os termos *normal*, *anormal* e *norma*, a normalidade surgiu alicerçada na ideia de que as regras se constituem nas normas e, naturalmente, o processo inverso também acontece. Ambas são observadas e regulamentadas pelos mesmos dispositivos, ficando, dessa maneira, determinado que a norma é anterior ao processo de normalidade ou normalização. Nesse viés, é relevante refletirmos e definirmos também que todos os dispositivos que surgem com a intenção e o ofício normalizador são, na verdade, uma consequência do referido processo e que visam, exatamente, sustentar toda a regra e, portanto, a norma.

Complementando essa conceituação, podemos afirmar que a normalidade é a disciplina que aparece para melhorar ou corrigir o que é tido, social ou biologicamente, como anormal. Ela deriva dos conceitos de normal e anormal, que originam a norma. Desse modo, conforme Foucault (1991, p. 83), "a operação de normalização consistirá em fazer interagir essas diferentes atribuições de normalidade e procurar que as mais desfavoráveis se assemelhem às mais favoráveis".

Nessa direção, é perceptível que os alunos considerados "normais", aqueles que não apresentavam alguma deficiência, tinham "à mão" uma escola voltada para eles, em oposição aos estudantes com deficiência. Dessa maneira, estes últimos, juntamente com as pessoas com transtornos globais do desenvolvimento e altas habilidades ou superdotação, deveriam, conforme esse paradigma da normalização e os valores da classe dominante e os propagados pela mídia, adequar-se ao padrão fixado para todos.

## 2.2 Diferença, diversidade e alteridade

A educação especial é permeada por diversos conceitos que, socialmente e em muitos momentos, são modificados ou apenas compreendidos erroneamente. Ao longo desta obra, verificaremos diversas situações que denotam transformações nas temáticas relativas à educação especial. Essas transformações tendem a surgir e ressurgir como outra ótica, outra roupagem, com limites ampliados ou redelineados – como termos e linguagens específicas etc. –, o que pode provocar equívocos tanto na sociedade quanto na comunidade escolar.

Essa distinção e esses equívocos decorrentes da distorção de alguns conceitos certamente ocasionam processos educacionais repletos de lacunas, sobretudo quando pensamos nos educandos com deficiência, com transtornos globais do desenvolvimento, altas habilidades ou superdotação. Conceitos como **inclusão**, **especial**, **diversidade**, **diferença** e **alteridade** estão elencados entre os deturpados.

Ao investigarmos o ambiente escolar e a sua aptidão quanto à oferta da educação especial e inclusiva, voltada a ações de democracia e igualdade, devemos observá-lo com base em algumas relevantes reflexões, entre elas: O espaço/infraestrutura é fechado ou aberto? Possui caráter social? É funcional? É apropriado para receber pessoas? Se sim, qual a faixa etária delas?

Refletir dessa forma permite enxergar o que é especial, inerente e particular no que se refere ao local, e não apenas o todo ou a sua função específica. Com base nas respostas àquelas e a outras inúmeras indagações, perceberíamos que os ambientes são distintos, cada qual com suas especificidades, mas que, em contrapartida, apresentam o mesmo papel: a educação. Esse exercício de enxergar as peculiaridades é, sem dúvida, essencial para estabelecermos relações, sejam elas sociais (coletivas ou individuais), sejam com o próprio meio.

Seguindo essa perspectiva – tanto em relação a ambientes e situações quanto a pessoas –, podemos notar que tudo o que nos rodeia é, de fato, diferente, ainda que possua semelhanças. É pensando nesse cenário que adentramos a conceituação do termo *diferença*.

Etimologicamente, o termo aparece em diversos dicionários com significados muito próximos. A palavra *diferença* deriva do latim *differentia* e apresenta uma gama de definições, como expressa a Figura 2.2.

**Figura 2.2** – Diferença: conceituação

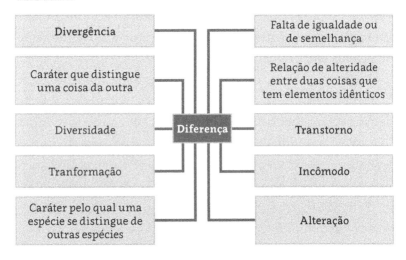

Fonte: Elaborado com base em Diferença, 2020.

Destacamos essa riqueza de significados para fazê-lo compreender, leitor, que o termo está intimamente ligado às conexões firmadas em sociedade, ou seja, nas relações com o próximo e até com aquele que classifica, que distingue, que demarca transformações e espécies. Ao relacionarmos esses significados com a educação especial, concluímos que o termo *diferença*, nesse cenário, trata da aceitação da heterogeneidade[2].

O termo *diferença* está muito próximo de *diversidade*. Ambos os termos se complementam, todavia também se distinguem sem se excluir nem se antagonizar. Quando pensamos na palavra *diversidade*, vários conceitos e sinônimos são evocados em nossa mente – alguns a aproximam de termos como *diversos, muitos*, e, sim, *diferentes. Diversidade* diz respeito à atitude de respeitar o que é diverso, o oposto de *segregação*, o conviver harmoniosamente com o que não é igual, tanto no que se refere a ideais quanto a características físicas, psicológicas ou emocionais, além de outras singularidades.

Para entendermos o que realmente significa **diversidade** no campo da educação especial, retomar fatos históricos torna-se essencial.

Pensemos que, no século passado, na década de 1990, foi elaborada a Declaração de Salamanca, que, segundo Menezes e Santos (2001),

> é considerada um dos principais documentos mundiais que visam à inclusão social, ao lado da Convenção de Direitos da Criança (1988) e da Declaração sobre Educação para Todos de 1990. Ela é o resultado de uma tendência mundial que consolidou a educação inclusiva, e cuja origem tem sido atribuída aos

---

2    *Heterogeneidade* deriva de heterogêneo e diz respeito àquilo que se compõe de partes de natureza ou de espécies diferentes (Heterogeneidade, 2020).

movimentos de direitos humanos e de desinstitucionalização manicomial que surgiram a partir das décadas de 60 e 70.

A Declaração de Salamanca foi fundamental para promover avanços educacionais e sociais referentes à PcD, fornecendo diretrizes que culminaram em uma reforma social, política e educacional acerca da inclusão. A Declaração, conforme apontam Menezes e Santos (2001), é

> considerada inovadora porque, conforme diz seu próprio texto, ela "proporcionou uma oportunidade única de colocação da educação especial dentro da estrutura de 'educação para todos' firmada em 1990 [...] promoveu uma plataforma que afirma o princípio e a discussão da prática de garantia da inclusão das crianças com necessidades educacionais especiais nestas iniciativas e a tomada de seus lugares de direito numa sociedade de aprendizagem".

Assim, tal documento apresentou uma gama de situações/adversidades que permeiam o cotidiano das PcD – não apenas físicas, mas também dificuldades temporárias – e que, de alguma maneira, não se beneficiavam com o modelo escolar vigente. Nessa vertente, colocamos a diversidade como pauta, uma vez que a escola deve atender a todos e com igualdade. Em outras palavras, "as escolas devem acolher todas as crianças, independentemente de suas condições físicas, intelectuais, sociais, emocionais, linguísticas ou outras" (Brasil, 2003a, p. 19).

A educação básica brasileira precisou, então, repensar o modelo educacional proposto/realizado. Isso aconteceu com a sociedade, que, com o passar das décadas, precisou sentir, de fato, a relevância de ser diversa em sua constituição, porém também igualitária quanto aos direitos dos cidadãos, como o direito de ir e vir e de ser socialmente autônomo. Para tanto, a escola, como a sociedade, transformou-se, conforme veremos de maneira aprofundada no terceiro capítulo.

Ao buscarmos a diversidade na contemporaneidade, fica perceptível que é uma vasta condição, que abarca conceitos diversos, entrelaçados a pensamentos e ações, além de estar conectada a grupos sociais e a padrões neles fixados. Assim, a diversidade existe no aspecto motor ou em caso de condições e limitações físicas, cognitivas e emocionais, bem como nos casos em que os sujeitos são classificados nos aspectos econômicos, políticos, sexuais, culturais e outros. Logo, a diversidade é o mundo, e o mundo é verdadeiramente diverso, rico e repleto de múltiplas situações e condições.

Outro termo emblemático que se vincula à discussão deste nosso segundo capítulo é a **alteridade**. A alteridade, por vezes, distancia-se completamente do modelo educacional brasileiro, sobretudo naqueles momentos delineados e orientados pelas tendências pedagógicas tradicionais, as quais colocam o professor em um patamar muito acima do aluno, sem relações, sem trocas, sem construções coletivas de saberes. Assim, tem-se uma instituição com ausência de interações e da prática de olhar e tratar o próximo com respeito, como digno de voz, de opinião. Alteridade é o oposto dessa situação, conforme demonstra Paulo Freire (1987) por meio de sua concepção de educação bancária[3].

---

3   De acordo com Freire (1987, p. 67), "é, no fundo, o que Sartre (*El Hombre y las Cosas*) chamaria de concepção 'digestiva' ou 'alimentícia' do saber. Este é como se fosse o 'alimento' que o educador vai introduzindo nos educandos, numa espécie de tratamento de engorda" (Freire, 1987, p. 67).

A educação que se impõe aos que verdadeiramente se comprometem com a libertação não pode fundar-se numa compreensão dos homens como seres "vazios" a quem o mundo "encha" de conteúdos; não pode basear-se numa consciência especializada, mecanicistamente compartimentada, mas nos homens como "corpos conscientes" e na consciência como consciência **intencionada** ao mundo. Não pode ser a do depósito de conteúdos, mas a da problematização dos homens em suas relações com o mundo. Ao contrário da "bancária", a educação problematizadora, respondendo à essência do ser da consciência, que é sua **intencionalidade**, nega os comunicados e existência à comunicação. (Freire, 1987, p. 67)

Distante dessa realidade encontramos a *alteridade*, termo oriundo do latim e decorrente do acréscimo do prefixo *alhios-*, cujo sentido é "estranho", à *alter*, que significa "outro". Em outras palavras, *alteridade* é a capacidade de olhar o outro como outro somente, não como diferente, ruim ou inferior. Transpondo essa condição linguística para a sociedade contemporânea, percebemos que é cada vez mais recorrente a perda da visão e das atitudes de alteridade; assim, os sujeitos concebem uns aos outros como estrangeiros, como diferentes, praticando assim a segregação e a exclusão.

Seguindo essa ideia, entendemos que conflitos de toda sorte podem ser evitados com base no exercício da alteridade, pois ela vai de encontro ao ato do julgamento alheio, assim como constrói e reconstrói relações interpessoais, proporciona a valorização dos sujeitos, a plena dignidade e o respeito às diferenças.

No que se refere à educação especial, é preciso apurar a percepção sobre as PcD, ou seja, vê-las de modo positivo e peculiar, colocar-se no lugar delas, incluí-las de fato e de direito, assim como perceber suas necessidades, diminuindo as lacunas e estreitando as relações.

## 2.3 A rede de apoio fortalecendo a inclusão escolar

No capítulo anterior, conhecemos a história da educação brasileira e suas mais relevantes particularidades. Assim, adentramos o cenário do final do século XX, aproximadamente entre as décadas de 1980 e 1990, em que nos deparamos com dois tipos de escola: a regular e a especial. Era forte, nesse recorte temporal, uma separação entre os sujeitos com e sem deficiência e, por consequência disso, o aluno era rotulado e direcionado a uma escola ou a outra, não havendo junção ou diálogo entre as duas instituições. Nesse sentido, podemos questionar: Na sociedade, você se depara com pessoas com deficiência? Em caso afirmativo, o que justificaria uma escola segregada se socialmente estamos todos em um mesmo ambiente?

Esse movimento escolar foi, na verdade, classificatório e segregador, não auxiliando a inclusão social e crítica do cidadão. Ou seja, o aluno com deficiência era incorporado a uma comunidade na qual ele não seria o diverso, o diferente. Assim, alunos com deficiência interagiam apenas com outros alunos com deficiência, tendo, desse modo, o direito à real convivência com todos negado.

É perceptível que esse modelo escolar distanciava as pessoas e reafirmava preconceitos e estereótipos que já se encontravam presentes na sociedade.

> As ideias preconcebidas ou preconceitos fazem parte da relação do homem com o mundo. Isso significa dizer que o conhecimento não seria possível sem alguma informação anterior sobre o objeto que se pretende conhecer porque é necessário algum ponto de partida para a relação com ele. Assim, a relação sujeito-objeto no momento do conhecimento envolve um caminho duplo: o sujeito parte de algo conhecido para começar a entender o objeto desconhecido e o objeto deixa alguma marca nova no sujeito, permitindo que algo novo seja acrescentado a ele. (Nunes; Saia; Tavares, 2015, p. 1111)

O convívio entre alunos com e sem deficiência permite a todos a compreensão do viver socialmente, da coletividade e do respeito. Na fase adulta, isso se reflete no ambiente de trabalho, na criação dos filhos e nos espaços públicos. Os educandos sem deficiência que convivem, em seu processo de escolarização, com alunos com deficiência compreendem, em fases posteriores da vida, que não há segregação entre os sujeitos, mas sim limitações e potencialidades que englobam a todos.

Deixando para trás o tempo e os modelos escolares classificatórios, a educação brasileira deu um salto no aspecto inclusivo e buscou implementar a escola inclusiva. Ou seja, procurou encerrar a escola especial e receber na regular todos os discentes, respeitando, então, suas limitações, enaltecendo suas habilidades e auxiliando no desenvolvimento biopsicomotor deles. Nesse enfoque, as diferenças, sejam físicas ou cognitivas, sejam emocionais ou sociais, são elencadas como diversidade, e não como imperfeições, permitindo à comunidade escolar transformar ou ampliar a visão de mundo, colocando a escola como uma real extensão da sociedade atuante.

Esse movimento educacional virou objeto de estudo de pesquisas, certificando, sobretudo, que a convivência de alunos com e sem deficiência é realmente benéfica tanto no aspecto social quanto nos aspectos cognitivo e físico.

Sobre esse ponto, encontramos no MEC e no Plano Nacional de Educação (PNE) alguns elementos norteadores, por meio dos enfoques conferidos nas revistas do MEC ou de acordo com as metas que compreendem a educação brasileira. Isso, de fato, em comparação com o final do século XX, representa outro viés da educação especial e inclusiva, que abrange todas as etapas de ensino, além do atendimento educacional especializado (doravante AEE) e da orientação aos educandos e educadores partícipes desse processo de escolarização.

Diretamente engajada tanto na escolarização quanto no desenvolvimento do sujeito com deficiência está a rede de apoio, a qual podemos definir como os diversos profissionais que auxiliam no avanço de pessoas deficientes.

A criação de uma rede intersetorial e interdisciplinar de apoio à implementação da política de educação inclusiva e da política de saúde da pessoa com deficiência se viabiliza por meio de estratégias promotoras de saúde e educação, objetivando o atendimento à diversidade social e a atenção às necessidades educacionais especiais dos alunos. Portanto a implantação de uma Rede de Apoio à Educação Inclusiva tem como função: ampliar a atenção integral à saúde do aluno com necessidades educacionais especiais; assessorar as escolas e as unidades de saúde e reabilitação; formar profissionais de saúde e da educação para apoiar a escola inclusiva; assessorar a comunidade escolar na identificação dos recursos da saúde e da educação existentes na comunidade e orientar quanto à utilização destes recursos; informar sobre a legislação referente à atenção integral ao aluno com necessidades educacionais especiais e sobre o direito à educação e sensibilizar a comunidade escolar para o convívio com as diferenças. (Paulon; Freitas; Pinho, 2005, p. 46)

> **Preste atenção!**
>
> "Uma equipe interdisciplinar poderá ser constituída por profissionais da educação especial, pedagogia, psicólogo, fonoaudiólogo, assistente social, bem como profissionais que atuam como conselheiros tutelares, agentes comunitários de saúde, e outros conforme o contexto de cada comunidade" (Paulon; Freitas; Pinho, 2005, p. 46).

Posteriormente, verificaremos mais a fundo que essa rede de apoio pode e deve ser estendida, abrindo-se não apenas para profissionais, mas também para aqueles que estão envolvidos com o aluno PAEE.

No que diz respeito à rede de apoio e ao processo de escolarização, precisamos conceber as ações listadas a seguir como fundamentais por parte da equipe de apoio interdisciplinar para com a família e a criança com deficiência no âmbito escolar:

a. Investigar e explorar os recursos da comunidade a fim de articular os serviços especializados da rede de educação e saúde às necessidades específicas dos alunos com necessidades educacionais especiais;

b. Desenvolver estratégias de parceria entre as diversas instituições com trabalho social e comunitário, governamental e não governamental;

c. Realizar visitas domiciliares para auxiliar no acesso e na permanência do aluno com necessidades educacionais especiais na rede regular de ensino;

d. Acompanhar o processo de aprendizagem do aluno com necessidades educacionais especiais, favorecendo a interlocução dos segmentos da comunidade escolar;

e. Articular a mediação entre a sala de aula com o atendimento educacional especializado, o atendimento clínico, a rede de assistência e a família. (Paulon; Freitas; Pinho, 2005, p. 47)

Essa rede de apoio está atrelada a qualquer uma das etapas da educação brasileira, que vai da educação infantil ao ensino superior. É necessário compreender que há situações específicas que, em sua maioria, estão arraigadas às condições e particularidades do aluno com deficiência e nas quais, em um processo natural, se instalam necessidades educacionais especiais. A rede de apoio, nesse aspecto, está vinculada à escola com o intuito de auxiliar no desenvolvimento dos sujeitos com deficiência e promover a evolução destes tanto nas características que geram as necessidades educativas especiais (NEE) quanto nas particularidades da deficiência ou da condição de inclusão. Desse modo, tal equipe fortalece a possibilidade de sociedade e escola verdadeiramente inclusivas.

Para que você compreenda como essas particularidades do aluno PAEE transformam-se em uma necessidade educacional especial, a seguir exemplificamos as deficiências e os transtornos, classificando-os conforme suas especificidades.

**Figura 2.3** – Deficiência e transtornos: classificação

### Deficiência visual e/ou auditiva

Ensino de linguagens e códigos específicos de comunicação e sinalização.

### Deficiência intelectual

Mediação para o desenvolvimento de estratégias de pensamento.

### Deficiência física

Adaptações do material e do ambiente físico.

### Transtornos globais do desenvolvimento

Estratégias diferenciadas para adaptações e regulação do comportamento.

### Altas habilidades ou superdotação

Ampliação dos recursos educacionais e/ou aceleração de conteúdos.

Fonte: Elaborado com base em Felicio; Fantacini; Torezan, 2016.

Considerando essa equipe de apoio e o exposto anteriormente, não podemos nos abster de atrelar a essa rede – que visa ao atendimento e ao desenvolvimento do educando com deficiência – a tecnologia assistiva. Quando colocamos a educação especial e inclusiva no patamar significativo do avanço social, buscamos maneiras de proporcionar autonomia aos educandos com necessidades educacionais especiais, justamente por apresentarem a premência, em momentos específicos do desenvolvimento, daquelas atitudes educativas diferenciadas.

Nesse viés, com o intuito de impulsionar a participação e amparar o processo de escolarização dos referidos sujeitos, abrangendo de seus primeiros anos na escola até seu ingresso e permanência no ensino superior, conta-se com a tecnologia assistiva. Esta, por sua vez, é aqui considerada como os recursos tecnológicos, analógicos ou digitais que ajudam na autonomia, independência e promoção de efetiva aprendizagem e participação social.

## 2.4 Educação inclusiva em todos os níveis e modalidades de ensino

A tentativa/realização de uma educação inclusiva nas escolas não é uma ação recente e conta com registros em solo brasileiro ainda no período do Brasil Império, com a criação de duas instituições: o Imperial Instituto dos Meninos Cegos (em 1854), atual Instituto Benjamin Constant (IBC), e o Instituto dos Surdos Mudos (em 1857), hoje Instituto Nacional da Educação dos Surdos (Ines), ambos localizados no Rio de Janeiro. No início do século XX, foi fundado o Instituto Pestalozzi (1926), instituição especializada no atendimento às pessoas com deficiência mental. Já em 1954, foi fundada a primeira Associação de Pais e Amigos dos Excepcionais (Apae), enquanto em 1945 foi criado o primeiro AEE às pessoas com superdotação na Sociedade Pestalozzi, por Helena Antipoff.

Com o passar das décadas e as conquistas alcançadas na área educacional e social, na busca pela condição de igualdade para o ambiente formal de educação, podemos afirmar que a educação especial e inclusiva era, e ainda é, a promoção do desejo de que todos os educandos estivessem em um mesmo ambiente sem processos discriminatórios e com ações que permitissem, do mesmo modo, o desenvolvimento igualitário. Nessa vertente, a educação especial e inclusiva passaria a constituir um paradigma educacional fundamentado nos direitos humanos, os quais conjugam igualdade e diferença como valores indissociáveis, e que avança em relação à ideia de equidade formal ao contextualizar as circunstâncias históricas da produção da exclusão dentro e fora da escola. Partindo da concepção de uma escola inclusiva, temos essa instituição delimitada na imagem a seguir.

**Figura 2.4** – Escola inclusiva

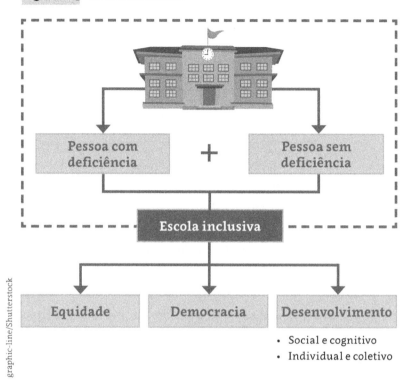

Fonte: Elaborado com base em Piva; Batista, 2013.

Com o advento dos direitos humanos, as instituições formais de educação passaram a identificar os mecanismos e processos de hierarquização que operam na regulação e na produção das desigualdades. Essa problematização explicita os processos normativos de distinção dos alunos em razão de características intelectuais, físicas, culturais, sociais e linguísticas, entre outras estruturantes do modelo tradicional de educação escolar. Assim, há escolas que não exercem esse viés democrático, mas, por meio de suas ações, enquadram-se na perspectiva integradora, correspondendo àquelas que recebem os alunos com deficiências, mas não os acolhem, não estreitam as relações com os familiares, tampouco são partícipes de uma rede de apoio. Dessa forma, não promovem nem participam do processo de inclusão em sua totalidade; não estão fundamentadas e delimitadas nos processos de igualdade, equidade e naqueles relativos aos direitos humanos.

Com a escola inclusiva, o processo acontece em uma proporção inversa: reconhecem-se as dificuldades e a necessidade de confrontar os preconceitos e as ações dele oriundas para, com isso, superá-los. A superação dos preconceitos, da exclusão de sujeitos não enquadrados na normalidade, inclui paradigmas e valores sociais, a formação docente e também práticas em conjunto com a comunidade escolar.

Nessa perspectiva de escola inclusiva e do movimento estabelecido entre ela e a sociedade, encontram-se o educando e as suas necessidades educacionais especiais, com ou sem deficiência, de origem congênita ou adquirida, envolvendo assim as ordens estruturais e culturais relativas à escola. Dessa maneira, a instituição de educação formal, independente do nível de ensino, requer movimentos de reflexão diante de seus modelos educacionais de modo a atender ao público diverso e à sociedade de maneira ampla. Justamente para que a escola, básica ou superior, atenda a essa demanda é que algumas diretrizes, normas e leis para a educação foram definidas.

Assim, o Ministério da Educação (MEC), em ação com a Secretaria de Educação Especial, propôs uma Política Nacional de Educação Especial na Perspectiva da Educação Inclusiva (Brasil, 2008a). O intuito dessa legislação é agir em consonância com a sociedade, acompanhando de perto os movimentos sociais sobre tal temática, bem como a promoção, de fato, de escolas inclusivas em todas as etapas da educação brasileira. Com isso, defende e possibilita o direito ao processo de democratização escolar, direcionando os sistemas de ensino para a heterogeneidade, e não para uma escola exclusiva e pertencente a um determinado grupo socioeconômico.

Para compreendermos o processo de inclusão na educação brasileira, é preciso, antes, percorrermos um caminho histórico a partir da década de 1960 até adentrarmos o século XXI, embasados, para tanto, nas diretrizes e legislações educacionais desses períodos, conforme mostra Figura 2.5.

**Figura 2.5** – Linha do tempo das diretrizes e legislações educacionais

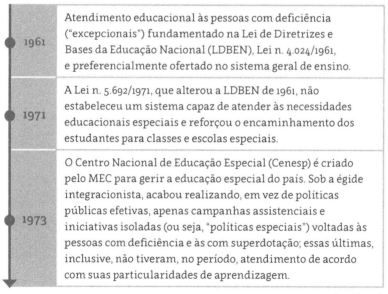

| 1961 | Atendimento educacional às pessoas com deficiência ("excepcionais") fundamentado na Lei de Diretrizes e Bases da Educação Nacional (LDBEN), Lei n. 4.024/1961, e preferencialmente ofertado no sistema geral de ensino. |
|---|---|
| 1971 | A Lei n. 5.692/1971, que alterou a LDBEN de 1961, não estabeleceu um sistema capaz de atender às necessidades educacionais especiais e reforçou o encaminhamento dos estudantes para classes e escolas especiais. |
| 1973 | O Centro Nacional de Educação Especial (Cenesp) é criado pelo MEC para gerir a educação especial do país. Sob a égide integracionista, acabou realizando, em vez de políticas públicas efetivas, apenas campanhas assistenciais e iniciativas isoladas (ou seja, "políticas especiais") voltadas às pessoas com deficiência e às com superdotação; essas últimas, inclusive, não tiveram, no período, atendimento de acordo com suas particularidades de aprendizagem. |

*(continua)*

*(Figura 2.5 – continuação)*

**1988** — A Constituição Federal de 1988 definiu a promoção do bem coletivo (art. 3º) como um de seus objetivos e estabeleceu a educação como direito de todos, mediante a igualdade de acesso e permanência na escola, bem como a oferta, por parte do Estado, de atendimento especializado preferencialmente na rede regular de ensino (art. 208). Com isso, busca garantir aos cidadãos o desenvolvimento integral, o exercício da cidadania e a qualificação para o trabalho (art. 205).

**1990** — O Estatuto da Criança e do Adolescente (ECA), Lei n. 8.069/1990, art. 55, reforçou os dispositivos legais existentes ao determinar que os pais/responsáveis têm o dever, ou seja, a obrigação, de matricular os filhos/tutelados na rede regular de ensino.

**1994** — A Declaração Mundial de Educação para Todos (1990) e a Declaração de Salamanca (1994) passaram a influenciar a formulação das políticas públicas da educação inclusiva. Todavia, a Política Nacional de Educação Especial, de 1994, continuou alicerçada em padrões homogêneos de participação e aprendizagem para definir quem teria acesso às classes regulares. Ou seja, somente o sujeito que conseguisse "acompanhar" os alunos ditos "normais" frequentava essas classes.

**1996** — A atual Lei de Diretrizes e Bases da Educação Nacional, Lei n. 9.394/1996, no art. 59: i) estabelece que os sistemas de ensino devem assegurar aos estudantes currículo, métodos, avanços de séries (mediante avaliação), recursos e organização em conformidade com suas necessidades, interesses, condições de vida e de trabalho; ii) garante a possibilidade de concluir o ensino fundamental àqueles impossibilitados em virtude de deficiências, assim como a aceleração dos estudos aos superdotados.

*(Figura 2.5 – continuação)*

| | |
|---|---|
| **1999** | O Decreto n. 3.298, que regulamenta a Lei n. 7.853/1989, definiu a educação especial como uma modalidade transversal – complementar, portanto, à educação regular – a todos os níveis e modalidades de ensino. |
| **2001** | As Diretrizes Nacionais para a Educação Especial na Educação Básica, Resolução CNE/CEB n. 2/2001, no art. 2°, determinaram que os sistemas de ensino devem matricular todos os alunos, e as escolas devem atender às necessidades educacionais especiais desses sujeitos. Embora tais diretrizes tenham ampliado a atuação da educação especial, permitindo que ela complementasse ou suplementasse a escolarização, ao admitirem a possibilidade de substituir o ensino regular, não potencializaram uma política de educação inclusiva na rede pública de ensino, conforme previsto no já citado art. 2°. |
| **2001** | • O Plano Nacional de Educação (PNE), Lei n. 10.172/2001, estabeleceu objetivos e metas para que os sistemas de ensino atendessem às múltiplas e distintas necessidades educacionais dos alunos, valorizando, por conseguinte, a diversidade humana. O PNE também apontou déficits referentes: à oferta de matrículas para alunos com deficiência nas classes comuns do ensino regular, à formação docente, à acessibilidade física e ao atendimento educacional especializado.<br>• A Convenção da Guatemala (1999), promulgada no Brasil pelo Decreto n. 3.956/2001, impactou fortemente a educação – exigindo nova postura quanto à educação especial – por afirmar que pessoas com deficiência possuem os mesmos direitos humanos e liberdades fundamentais que as demais pessoas. Ela também caraterizou como discriminação (por atos de distinção ou de exclusão) privar as pessoas com deficiência do exercício desses direitos e liberdades. |

*(Figura 2.5 – continuação)*

| | |
|---|---|
| **2002** | • A Resolução CNE/CP n. 1/2002, que estabeleceu as Diretrizes Curriculares Nacionais para a Formação de Professores da Educação Básica, definiu que as instituições de ensino superior deveriam oferecer formação docente voltada para a atenção à diversidade, às especificidades dos alunos com necessidades educacionais especiais.<br>• A Lei n. 10.436/2002 reconheceu a Língua Brasileira de Sinais (Libras) como meio legal de comunicação e expressão, determinou a garantia de apoio ao seu uso e difusão, assim como a transformou em disciplina dos cursos de formação docente e de fonoaudiologia.<br>• A Portaria n. 2.678/2002 do MEC aprovou diretrizes e normas para o uso, o ensino, a produção e a difusão do sistema Braille, com um projeto de grafia para o português, em todas as modalidades de ensino e em território nacional. |
| **2003** | O Programa Educação Inclusiva (MEC) propôs tornar inclusivo o sistema educacional mediante a formação de gestores e educadores, a fim de garantir o acesso de todos à escolarização, ao atendimento educacional especializado e à acessibilidade. |
| **2006** | • A Convenção sobre os Direitos das Pessoas com Deficiência, aprovada pela ONU e da qual o Brasil é signatário, determinou que os Estados devem assegurar um sistema de educação inclusivo e de qualidade em todos os níveis de ensino (com estratégias para evitar que estudantes deficientes sejam excluídos do sistema de ensino geral) e que maximize o desenvolvimento acadêmico e social dos estudantes.<br>• O Plano Nacional de Educação em Direitos Humanos (lançado em conjunto pelo MEC, pelo Ministério da Justiça, pela Unesco e pela Secretaria Especial de Direitos Humanos) visou: i) abordar na educação básica temáticas relativas às pessoas com deficiência; ii) desenvolver ações para acesso e permanência desses sujeitos na educação superior. |

*(Figura 2.5 – conclusão)*

- 2007
  - Lançado o Plano de Desenvolvimento da Educação (PDE), que reafirmou a busca pela superação da oposição entre educação regular e educação especial e tem como eixos: i) formação docente; ii) implantação de salas de recursos multifuncionais; iii) acessibilidade arquitetônica das escolas; iv) acesso e a permanência das pessoas com deficiência na educação superior; v) monitoramento do acesso à escola dos favorecidos pelo Benefício de Prestação Continuada (BPC).
  - Publicado o Decreto n. 6.094/2007, que instituiu, nas diretrizes do Compromisso Todos pela Educação, a garantia de acesso e permanência no ensino regular e o atendimento às necessidades educacionais especiais dos alunos.

Fonte: Elaborado com base em Brasil, 2008a.

Após tomarmos ciência das diretrizes, dos decretos e das leis concernentes à educação especial e inclusiva, ficam perceptíveis as ações governamentais em prol da promoção, da inserção e da permanência dos educandos com deficiência e PAEE na escola de ensino regular, envolvendo todas as modalidades e níveis que contemplam a educação brasileira, inclusive o ensino superior.

## Síntese

Este segundo capítulo procurou aprofundar discussões relativas à inclusão escolar, sobretudo quanto aos aspectos e às conceituações referentes à diferença e à equidade. Inicialmente, definimos *norma* e *normalidade* e, em seguida, sob uma ótica social, conceituamos *diferença*, *diversidade* e *alteridade*, permitindo, assim, entender e relacionar esses conceitos com a sociedade contemporânea e também compreender o processo de inclusão escolar do PAEE.

A rede de apoio foi aqui concebida como recurso fundamental para o crescimento do sujeito com deficiência e, concomitantemente, para a construção de sua autonomia e participação social, auxiliando, diretamente, no processo de inclusão. Para finalizar o capítulo, a temática da educação inclusiva em todos os níveis e modalidades de ensino foi abordada, demonstrando os avanços mais representativos nessa área.

## Indicação cultural

COMO ESTRELAS na terra: toda criança é especial. Direção: Aamir Khan. Índia: Aamir Khan Productions, 2007. 175 min.

Trata-se de um belo filme, que remete à aceitação do outro, ao respeito às diferenças e à ação de nos colocarmos no lugar da outra pessoa, situações bastante pertinentes à explanação e à reflexão empreendidas neste capítulo. O enredo também possibilita que a função e o direcionamento pedagógico sejam analisados e repensados.

## Atividades de autoavaliação

1. Analise as assertivas a seguir e marque V para as afirmativas verdadeiras e F para as falsas.

   De acordo com o exposto ao longo do capítulo, a "norma" está relacionada a quais aspectos?

   ( ) Padrão.
   ( ) Heterogeneidade.
   ( ) Medida de comparação.
   ( ) Referência que classifica em grupos.

a) V, F, V, V.

b) V, V, F, V.

c) F, F, V, V.

d) V, V, F, F.

e) F, V, F, V.

2. No decorrer do processo histórico de desenvolvimento da educação especial e inclusiva, alguns movimentos foram essenciais. Analise as alternativas a seguir e assinale aquela que indica a conferência relacionada à Declaração de Salamanca:

a) Conferência Estadual para a Educação de Segregação.

b) Movimento Antieducação Especial.

c) Declaração dos Familiares e Escolas de Crianças com Deficiência.

d) Conferência Mundial sobre Educação Especial.

e) Movimento da Criança com Deficiência.

3. A rede de apoio é fundamental para o desenvolvimento do sujeito com deficiência, seja física, seja cognitiva. Além dos familiares e demais pessoas envolvidas com a criança com deficiência, classificamos a rede de apoio como:

a) os avós paternos e maternos.

b) diferentes profissionais.

c) a escola.

d) a mãe.

e) o pai.

4. A educação especial e inclusiva possui um público-alvo. Analise as colunas a seguir e relacione-as conforme as necessidades especiais:

I) Deficiência visual e/ou auditiva.

II) Deficiência intelectual.

III) Deficiência física.

IV) Transtorno global.

V) Altas habilidades ou superdotação.

( ) Ampliação dos recursos educacionais e/ou aceleração de conteúdos.

( ) Adaptações do material e do ambiente físico.

( ) Estratégias diferenciadas para adaptações e regulação do comportamento.

( ) Ensino de linguagens e códigos específicos de comunicação e sinalização.

( ) Mediação para o desenvolvimento de estratégias de pensamento.

a) V, III, II, I, IV.

b) V, II, IV, I, III.

c) IV, III, V, I, II.

d) V, III, IV, I, II.

e) IV, II, V, III, I.

5. A tecnologia assistiva é fundamental para o sujeito com deficiência. Essa relevância se dá por ela estar relacionada à:

a) ausência de comunicação e interação social.

b) dependência econômica e física.

c) autonomia, aprendizagem e interação social.

d) negação à promoção de afetiva aprendizagem.

e) exclusão de autonomia e socialização.

# Atividades de aprendizagem

## Questões para reflexão

1. Pensando na realidade de uma criança com deficiência motora e em idade alfabetizadora, a tecnologia assistiva se faz relevante para auxiliar no processo de autonomia. Analise essa afirmativa e indique as possíveis tecnologias, digitais e analógicas que facilitariam o processo de ensino e aprendizagem dessa criança. Posteriormente, crie uma tecnologia assistiva analógica que facilite o movimento de segurar e deslocar o lápis que essa criança faria durante a escrita.

2. Leia a reportagem a seguir sobre tecnologia assistiva (ou pesquise sobre outros projetos similares de uso desse recurso) e, posteriormente, redija um texto apresentando a relevância dessa tecnologia para a autonomia e a integração social e educacional dos sujeitos com deficiência.

   PEZZO, M. Projeto da UFSCar desenvolve adaptação de materiais para crianças com paralisia cerebral. 14 nov. 2013. Disponível em: <http://www.saci.ufscar.br/servico_release?id=66361&pro=3>. Acesso em: 26 fev. 2020.

## Atividade aplicada: prática

1. Nesse momento, projete-se no seguinte cenário: como docente responsável por uma turma de segundo ano do ensino fundamental – anos iniciais, você encontra um aluno que necessita de uma tecnologia assistiva para ter maior autonomia e firmeza ao segurar o lápis e, por

conseguinte, alcançar melhores resultados no processo de alfabetização e letramento. Nesse contexto, descreva como você, na condição de professor, auxiliaria esse educando e qual tecnologia assistiva ele poderia utilizar.

Capítulo 3
# Famílias e sistemas de ensino na inclusão escolar

*"Os pais são as primeiras figuras de referência à criança. Uma interação familiar sadia possibilita vínculos seguros que permitirão às crianças construírem recursos internos para lidar com circunstâncias de adversidade".*

Sakaguti (2017, p. 57)

**Nosso terceiro capítulo,** "Famílias e sistemas de ensino na inclusão escolar", transcorrerá sobre duas "vertentes": o ensino e a família, ambos atrelados ao desenvolvimento do sujeito com deficiência ou necessidades educacionais especiais. Analisaremos, então, o processo de inclusão escolar nas etapas que compreendem a educação brasileira: a educação infantil, o ensino fundamental anos iniciais e finais, o ensino médio e o ensino superior. Nesse sentido, veremos que a parceria estabelecida entre a família e a escola resulta em algumas iniciativas, como a sala de recursos e a rede de apoio, as quais auxiliam no desenvolvimento de aprendizagens, funções sociais, funções políticas e na construção e transmissão de regras e valores.

Posteriormente, abordaremos uma temática extremamente relevante: o processo do luto enfrentado pela família ao conceber a criança com deficiência. Finalizando o capítulo, buscaremos, por meio de um exercício reflexivo, possibilitar a compreensão dos principais desafios ante à educação contemporânea cujo público-alvo é o da educação especial e inclusiva (doravante PAEE).

# 3.1 Inclusão escolar de estudantes PAEE na educação básica e no ensino superior

As etapas que constituem a educação brasileira, apresentadas a seguir, na Figura 3.1, perpassam todas as fases da vida dos sujeitos, iniciando com a educação infantil e finalizando no ensino superior.

**Figura 3.1** – Etapas da educação básica e superior brasileira

Compreende a faixa etária de 0 a 5 anos. Visa ao desenvolvimento infantil, além de exercer uma forte abordagem no cuidado à criança em sua primeira infância. Realizada em período integral ou parcial, inclusive na oferta pública.

**Educação infantil**

Etapa obrigatória do ensino básico brasileiro que a criança precisa iniciar aos 6 anos de idade. Seu período é determinado pelo tempo mínimo de nove anos, com o objetivo de formar o cidadão de diversos modos, compreendendo desde a alfabetização até os aspectos políticos e sociais.

**Ensino fundamental I e II – anos iniciais e finais**

É determinado como a última etapa da educação básica brasileira, cuja duração mínima é de três anos. Obrigatoriamente, para que ocorra o ingresso nessa etapa de ensino, é preciso comprovar o término das etapas anteriores do ensino fundamental.

**Ensino médio**

Etapa realizada após o ensino médio, sem idade determinada para início. Compreende-se como ensino superior cursos de graduação e pós-graduação *lato* e *stricto sensu*.

**Ensino superior**

Fonte: Elaborado com base em Brasil, 1996.

Assim, a educação é direito de todos os cidadãos brasileiros e condição nata, legalmente, e independente de raça, cor, credo, religião ou situação física, sensorial, cerebral ou neurológica. É com base exatamente nesse discurso que encontramos incoerência e controvérsias ao estudarmos sobre a educação especial e inclusiva. Para aprofundar essa temática, inicialmente é preciso definir o que, de fato, é considerado educação inclusiva, assim como alunos com necessidades educacionais especiais.

Podemos conceituar o termo *inclusivo* como aquele que introduz, que acrescenta e que insere algo ou alguém no interior de, ou seja, *incluir* remete a estar, verdadeira e coletivamente, juntos ou próximos. Dessa maneira, os alunos PAEE possuem o direito ao acesso à escola regular, o que se tornou socialmente um dos maiores desafios da educação na contemporaneidade, fato que discutiremos densamente ao final do capítulo.

Outro ponto fundamental desse debate é fazer com que o corpo docente compreenda que, em algum momento, todos os alunos podem se colocar como sujeitos com necessidades educacionais especiais, e não necessariamente se apresentarem alguma deficiência. Com base nessa percepção já intrínseca ao fazer docente, o processo de inclusão do aluno PAEE caminha para um processo natural e se distancia do preconceito e dos estereótipos enraizados socialmente. Nesse cenário, o aluno não é classificado e identificado na instituição escolar por sua condição de PAEE – assim denominado por sua condição de pessoa com deficiência (doravante PcD), ou seja, o autista, o cadeirante, por exemplo – mas sim pelo próprio nome, como os demais educandos.

Com essas colocações, adentramos na escolarização dos alunos PAEE, tomando como ponto de partida o processo de integração entre os sujeitos, o qual, do mesmo modo, é relevante para a formação completa destes, com ou sem deficiência. Afinal, a escola é socialmente compreendida como local de interação, de trocas e de formação não apenas no aspecto cognitivo – sendo assim, deve ser acolhedora. É isso que determina a Declaração Universal dos Direitos Humanos, da metade do século XX, a qual, em seu art. 26, nos remete exatamente à função escolar do "pleno desenvolvimento da personalidade humana e do fortalecimento do respeito pelos direitos humanos e pelas liberdades fundamentais" (ONU, 1948, p. 14). Diz ainda:

> Considerando que o desprezo e o desrespeito pelos direitos humanos resultam em atos bárbaros que ultrajam a consciência da humanidade e que o advento de um mundo em que os homens gozem de liberdade de palavra, de crença e da liberdade de viverem a salvo do temor e da necessidade foi proclamado como a mais alta aspiração do ser humano comum [...], uma compreensão comum desses direitos e liberdades é da mais alta importância para o pleno cumprimento desse compromisso [...]. (ONU, 1948, p. 3)

Seguindo essa percepção, a integração e a interação entre os sujeitos PAEE com os alunos regulares são percebidas como benéficas, com resultados biopsicossociais positivos. Isso se explica por meio do respeito desprendido ao aluno com deficiência ou com necessidades educacionais especiais por parte de toda a comunidade escolar, buscando auxiliá-lo diariamente no convívio nesse ambiente desafiador que, certamente, proporcionará experiências provocadoras e ricas a fim de diminuir suas limitações, sejam elas físicas, sejam cognitivas, bem como enaltecer suas potencialidades.

Nessa perspectiva, a escola regular e acolhedora deve, sem dúvidas, abrir suas portas para todos os alunos e, igualmente, tomá-los como seus, com a responsabilidade ímpar de transformá-los em sujeitos ativos e participantes de uma sociedade democrática, isto é, proporcionar aos educandos recursos que lhes permitam desenvolver e construir seus saberes. Concentrando-nos no aluno PAEE, esse processo também se concretiza, diferenciando-se porém na obtenção de resultados. Ou seja, os progressos podem ocorrer a passos lentos ao realizarmos uma analogia com os alunos sem deficiência, mas a sala de aula não deve assumir o caráter classificador ou segregador, mas compreender as limitações e potencialidades dos educandos, tencionando definir as melhorias e assimilar a relevância e a grandeza de cada uma delas. Um exemplo são os anos alfabetizadores, independente de a criança ter deficiência ou não, cujos avanços e a compreensão do processo até a alfabetização (envolvendo leitura, escrita e interpretação) se dão de maneiras muito distintas.

Seguindo esse mesmo exemplo, partimos para reflexões específicas e que envolvem a alfabetização dos alunos PAEE, que têm o direito de se tornarem sujeitos letrados e alfabetizados. Parte dessa aquisição de habilidades comunicativas se efetiva por um conjunto de situações que devem se estender por todas as etapas da educação básica, conforme mostra a Figura 3.1. Nessa perspectiva, a postura do corpo docente é fundamental, tanto na compreensão da deficiência que acomete aquele educando quanto na relação de afeto construída e no emprego dos recursos didático-pedagógicos disponíveis.

Dessa maneira, pensemos noutro aspecto fundamental para que ocorra a escolarização do educando PAEE na escola regular: a formação de professores. É necessária, social e legalmente, a compreensão de que o professor é a figura principal para o sucesso desse processo. Ou seja, além da família e dos recursos didáticos e de infraestrutura, o educador é o cerne nesse processo, pois atua como mediador entre os saberes e o aluno com deficiência, com transtornos globais do desenvolvimento, altas habilidades ou superdotação. Portanto, políticas que relacionem sua atuação com a prática de uma educação especial e inclusiva tornam-se essenciais para auxiliar esse docente, junto com as instituições, a verdadeiramente promover a inclusão.

O conhecimento a respeito da deficiência apresentada pelo aluno é relevante, razão por que o professor deve se preparar e refletir sobre suas práticas metodológicas, bem como sobre sua formação continuada. *Preparar-se* é a palavra-chave no processo. São importantes também a afetividade, o conhecimento e a aproximação da família. Essas experiências e a busca pelo conhecimento permeiam a escolarização do aluno PAEE. É fato que todos os alunos possuem o direito à educação, no entanto, como esta se concretiza, de que maneira o aluno é direcionado e como o processo ocorre, além de quais relações são estabelecidas e solidificadas com a família, a comunidade e a escola, também são outros importantes sustentáculos da eficiência da escolarização.

Nessa vertente, o aluno frequentador da educação regular, mas incluso como PAEE, também precisa passar por todas as etapas da educação brasileira, conforme já mostramos no início do capítulo. Para tanto, suas características e limitações devem ser respeitadas, e é exatamente nesse quesito que os recursos e as particularidades do currículo escolar estão, igualmente, inseridos.

Pelas razões já listadas, é dever do corpo docente da escola regular ter ciência de que as diferenças, as limitações e as potencialidades não são fixas e imutáveis, mas sim próprias da condição humana. Dessa maneira, a sala de aula e a escola como um todo jamais serão homogêneas, e é nessa diversidade que os aprendizados acontecem. Assim, os alunos sem deficiência ou necessidades educacionais especiais também aprendem, cognitiva e socialmente, na interação com a criança com deficiência e no processo de escolarização desta.

Com base nessas constatações, percebemos que a educação infantil, o ensino fundamental e o ensino médio possuem currículos próprios e determinações legais de conteúdos e de desenvolvimentos que são postos aos alunos com deficiência, igualmente aos demais educandos. Ao professor fica a incumbência de realizar esse trabalho voltado a todos, diferenciando suas atividades conforme características particulares, e não relacionadas a conteúdos ou a graus de dificuldades.

A escola regular pode oferecer aos alunos com necessidades educacionais especiais as salas de recursos, o que é denominado *atendimento educacional especializado (AEE)*, e as tecnologias assistivas. Nas salas de recursos é dada progressiva continuidade ao trabalho realizado regularmente, mas com enfoque diferenciado, promovendo experiências que reforcem a capacidade, as aprendizagens e os sentimentos.

As caraterísticas e funções primordiais das salas de recursos são as apresentadas na Figura 3.2, a seguir.

**Figura 3.2** – Características/funções das salas de recursos

- Trabalho realizado em contraturno
- Trabalho realizado em grupos ou individualmente
- Formação específica do professor
- Atendimento às necessidades específicas do aluno público-alvo da educação especial e inclusiva (PAEE)
- Apoia, complementa e suplementa os serviços educacionais regulares

Fonte: Elaborado com base em Miranda; Rocha; Santos, 2009.

Com base no exposto, percebe-se que a sala de recursos exerce a função de complemento do trabalho realizado cotidianamente pelo professor em sala de aula regular. Assim, os corpos docentes, tanto das salas de recursos ou de AEE quanto de classes regulares, devem estabelecer diálogos e articulações entre si, a fim de promover o pleno desenvolvimento do aluno PAEE. Nessa atuação coletiva do corpo docente, a ação de observação em sala de aula regular é relevante. Dessa maneira, o professor AEE identifica comportamentos e dificuldades que particularizam o atendimento, o qual, posteriormente, ocorrerá na sala de recursos.

Ao nos concentrarmos no ensino superior, optamos por apresentar as tecnologias assistivas – que devem estar presentes em todas as etapas de ensino e cujas funções já explanamos anteriormente. A escolarização, por sua vez, é aqui considerada com os recursos tecnológicos que dão suporte à autonomia, à independência e ao fomento da efetiva aprendizagem e da participação social.

Por serem detentoras de uma responsabilidade social relevante, as tecnologias assistivas passaram a ganhar mais espaço nas últimas décadas, principalmente pela posição da sociedade e pela exposição midiática diante da inclusão, colocando em questionamento os mecanismos que auxiliam esse processo de participação social – individual e coletiva, em diferentes contextos – e a garantia de direitos dos sujeitos com alguma necessidade educacional especial.

O processo de escolarização do aluno PAEE deu passos significativos na história da educação regular brasileira com ações diversas e que continuam em evolução, a fim de proporcionar aos educandos, educadores, familiares e sociedade a igualdade e o desenvolvimento, assim como participação contínua, autonomia, presença social e aprendizagem. Nesse contexto de crescimento pessoal e profissional, de inserção e acolhimento social, o acesso aos ensinos básico e superior, às salas de recursos e à tecnologia assistiva é essencial para a efetivação da escolarização.

## 3.2 Parceria entre família e escola para a escolarização de estudantes PAEE

A relação estabelecida no binômio família-escola permeia a literatura e é um dos mais relevantes critérios que auxiliam e contribuem positivamente para o processo de inclusão das crianças com deficiência (Glat, 1996; Dessen; Polônia, 2005, 2007), fazendo com que a temática esteja presente em um grande número de teses e dissertações, conforme o Gráfico 3.1.

**Gráfico 3.1** – Produções científicas sobre a relação família-escola, por ano

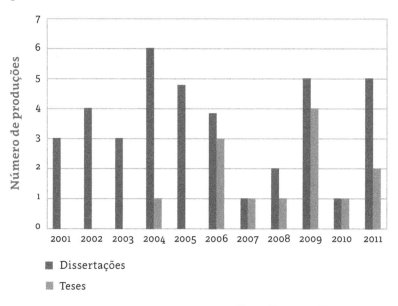

Fonte: Maturana; Cia, 2015, p. 352.

Tal situação é favorável à organização escolar em benefício do desenvolvimento do PAEE, uma vez que a pesquisa oferece direcionamentos práticos que acontecerão na escola e na relação criada entre a inclusão escolar, a família, os profissionais da rede de apoio e a própria instituição de ensino. Como vimos em capítulo anterior, os elementos família, escola e sociedade caminham lado a lado, almejando, juntos, construir saberes e desenvolver o educando em diferentes áreas e contextos. Com base nessa concepção, é importante ressaltar o que é considerado, de verdade, uma inclusão educacional.

De acordo com Maturana e Cia (2015, p. 351):

> A inclusão educacional é uma realidade presente em todo o território nacional. Ações, práticas, instrumentos, leis, diretrizes e reformas curriculares têm voltado atenção para respaldar o ambiente escolar e o corpo docente para o recebimento de alunos público-alvo da educação especial de maneira adequada.

Nesse sentido, podemos notar que a escola regular se assume, de igual forma, como um espaço de interação e aprendizagem entre os sujeitos com ou sem deficiência. Dessa forma, é um local para recebimento e crescimento ideais dos sujeitos e que exige movimentos que geram adequações e quebras paradigmáticas, tanto nos aspectos humano e social quanto naqueles relacionados a cognição, metodologias e processos de ensino e aprendizagem.

Esse cenário se perfaz por meio da orientação aos estudantes PAEE, mas não podemos excluir a função social da própria família para com eles: "A função social atribuída à família é transmitir os valores que constituem a cultura, as ideias dominantes em determinado momento histórico, isto é, educar as novas gerações segundo padrões dominantes e hegemônicos de valores e de condutas" (Bock; Furtado; Teixeira, 1999, p. 249).

Nesse viés, a instituição formal de educação torna-se o cerne de riquezas culturais e deve considerar positivamente todas as culturas e todos os valores ali inseridos. As famílias e suas peculiaridades precisam ser aceitas, acolhidas e respeitadas, considerando-as norteadoras do comportamento humano e da identidade. Com base nessa vertente de uma escola regular rica culturalmente e que está aberta aos alunos PAEE, é relevante que a própria comunidade escolar conceba os benefícios do processo de inclusão escolar, ou seja, a inserção do aluno de educação especial e inclusiva em escola regular.

Percebemos, assim, que a escola se assume socialmente como, após a família, um local de relevância para a formação e a evolução do sujeito, entendendo-se como espaço que vai além do aprendizado cognitivo, apresentando o indivíduo a novas realidades, valores, comportamentos e culturas. E é nesse local que os alunos com e sem deficiência devem conviver, permanecer e aprender juntos. Quer dizer, "A escola deve visar não apenas a apreensão de conteúdo, mas ir além, buscando a formação de um cidadão inserido, crítico e agente de transformação, já que é um espaço privilegiado para o desenvolvimento das ideias, ideais, crenças e valores" (Dessen; Polônia, 2007, p. 304).

Dessa maneira, buscando compreender o desenvolvimento biopsicossocial do indivíduo e excluindo, indiretamente, a sociedade e suas particularidades, conseguimos reconhecer claramente a influência positiva que a relação família e escola exerce sobre o próprio processo de inclusão e sobre o sucesso escolar do indivíduo. Ao nos referirmos ao sucesso no âmbito cognitivo, não estamos apontando a subordinação aos processos avaliativos e classificadores, mas o melhor desenvolvimento possível dentro das limitações e particularidades de cada aluno PAEE. Nesse sentido, o professor, o coordenador e a equipe pedagógica, assim como um olhar cuidadoso, afetivo e peculiar sobre as necessidades e os avanços de cada aluno, tornam-se necessários, fundamentais.

Está posta uma situação relevante e intimamente inserida na relação família e escola do aluno com deficiência, pois, ao iniciar o processo de escolarização, a família enfrenta diversos temores, inclusive relacionados ao preconceito e que geram incertezas e inseguranças, visto que

> A deficiência é um fenômeno que, embora se manifeste individualmente, é construído socialmente, pois em cada contexto social e histórico sua representação adquire características diferentes, na medida em que seu fundamento se encontra nos julgamentos sociais sobre as diferenças que consideram o corpo ou o comportamento disfuncional e "anormal", algo atípico e "deficiente". (Maia, 2009, p. 1-2)

Pelo processo coletivo e social que envolve a escolarização de crianças com deficiência, os pais e responsáveis sentem-se vulneráveis e repletos de questionamentos internos. Assim, em muitos casos, eles necessitam da ajuda de profissionais externos à escola para entenderem as situações que virão.

**Preste atenção!**

Os profissionais mais indicados para esse momento com a família e para o processo de aceitação do filho com deficiência e seu processo de escolarização são psicólogos e psicoterapeutas, que vão desenvolver um trabalho de aceitação, autonomia e segurança.

A **aceitação** da família antecede, em sua maioria, o processo de escolarização, iniciando-se logo que ela é informada da deficiência do filho, seja na gestação, seja no nascimento ou mesmo ao iniciar a socialização da criança. Essa fase é denominada *luto* por alguns especialistas, porque se trata da passagem da idealização do filho sem deficiência para a realidade de um filho deficiente. Esse momento gera preocupações de diversas espécies, inclusive quanto à aceitação social.

A aceitação e a escolarização estão apoiadas na escola e em suas particularidades, como o olhar atento e afetivo já citado. Perceba que a afetividade de que falamos não é o sentimento de penalidade, mas a acolhida que familiares e educandos demandam não somente no início da escolarização, mas ao longo dos anos escolares e das idas e vindas da escola. Para a família, a afetividade é o porto seguro do aluno PAEE, sentimento que está mais atrelado aos próprios pais e responsáveis do que ao estudante. Afinal, é a família que direciona a socialização e protege o educando de pensamentos e atitudes que possam gerar constrangimento ou sentimentos negativos, além de instituir um vínculo afetivo. Embora algumas ações/funções sejam de foco familiar, a escola inclusiva assume a responsabilidade de e em diversas situações, razão por que não podemos deixar de citar a interação entre os pares e os vínculos afetivos. A relação entre família e escola é fundamental para o desenvolvimento da criança, conforme reiteram Maturana e Cia (2015, p. 350):

> Sabe-se que na realidade escolar o envolvimento e desempenho acadêmico do aluno, sua adesão às normas e rotinas da escola são atribuídas, em parte, à participação ou ausência da família em reuniões de pais e atividades escolares. Carvalho (2000) aponta que tradicionalmente o sucesso escolar fica sujeito, na maioria das vezes, ao "apoio direto e sistemático da família que investe nos filhos" (p. 2). Para tal, é necessário

compreender o papel e o envolvimento da família no desenvolvimento humano e assim sua influência nas relações sociais e redes de apoio da criança com deficiência, como a escola.

Nessa vertente, família e escola compartilham algumas funções no desenvolvimento e na inclusão do aluno PAEE, conforme podemos ver na Figura 3.3, a seguir.

**Figura 3.3 – Parceria entre família e escola**

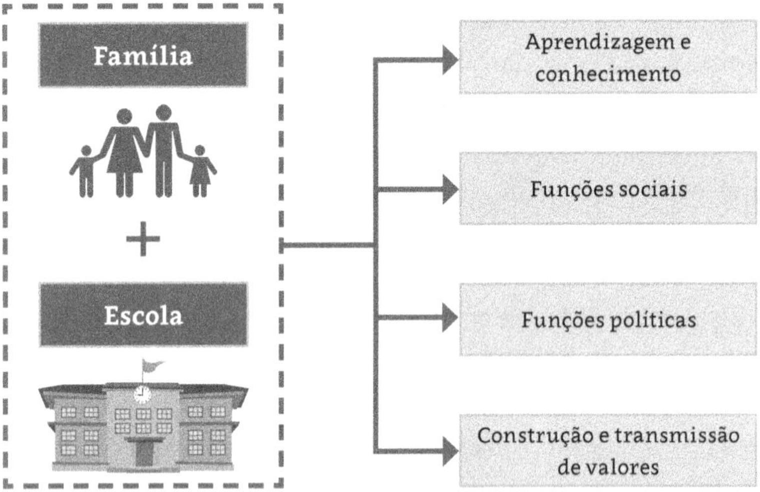


graphic-line e KenshiDesign/Shutterstock

Fonte: Elaborada com base em Maturana e Cia, 2015.

Na partilha que se estabelece entre o binômio família e escola perante o aluno PAEE, há certamente alguns desafios, afinal, ambas as instituições são consideradas aptas e responsáveis pelo desenvolvimento (intelectual, social, político e emocional) do educando. Existem duas esferas que podem apresentar desafios que serão postos e enfrentados no processo de escolarização da criança com necessidades educacionais especiais, sendo a primeira delas denominada **esfera social**.

Nesse nível, há o vínculo e a integração entre a criança com deficiência e os profissionais da educação, como professores e tutores, além da socialização e da inclusão do aluno PAEE entre os demais discentes da escola. Na referida esfera, a família e a escola precisam empreender um movimento de socialização e de aprofundamento das conexões dela decorrentes. A socialização é justamente para que ocorra não somente um exercício de integração, ou seja, não basta estar no mesmo ambiente, mas sim se sentir parte dele. Há uma diferença muito significativa entre *integrar* e *incluir*, e, no nível de socialização, vencido esse desafio da inclusão, a adversidade sobre a qual estamos falando desaparece, uma vez que o aluno PAEE está inserido independentemente de suas limitações.

A segunda esfera é denominada **ambiente**, a qual engloba questões estruturais e pedagógicas entrelaçadas. É imprescindível perceber a realidade e as limitações dos alunos PAEE para que escola, família e comunidade procurem saná-las. Nesse contexto, o currículo e os recursos audiovisuais estão em foco, assim como as barreiras arquitetônicas, sonoras e visuais.

## 3.3 A família enlutada e o processo de aceitação do filho com deficiência

O ser humano se desenvolve ao longo das fases que compõem sua vida, iniciando no nascimento e se estendendo aos anos seguintes. Dessa maneira, ele experiencia diversas situações que o auxiliarão a lidar com sentimentos e com a tomada de decisões em fases posteriores.

Nesse contexto, cada sujeito criará uma forma de expressar tristezas, dores, alegrias, perdas, nostalgias, entre outros inúmeros sentimentos que envolvem o "ato de viver". Desde a tenra infância, o experienciar está significativamente atrelado ao sujeito. Seja na interação com seus pares, seja no ambiente escolar, doméstico ou social, sempre há situações que levam o ser humano a construir e a reconstruir sentimentos e saberes.

O sentimento de perda é, inevitavelmente, uma das sensações que marcam intensamente as pessoas: de um animal de estimação na infância, de um colega ao trocar de escola na adolescência ou, até mesmo, a morte de entes queridos. Assim, a perda pode estar associada às diversas fases da vida, fazendo com que a pessoa já adulta repita e associe os sentimentos e as experiências vivenciados ou reaja de formas diversas e com intensidades diferentes.

Os sentimentos, os saberes e as experiências estão conectados, de maneira intrínseca, à formação do ser humano. Esse processo depende de fatores internos e externos que muitas vezes nem mesmo são percebidos. Nessa perspectiva, quando atrelado ao sentimento da perda, adentramos na temática do luto familiar e do filho imaginário para compreender como, de fato, o conhecimento e a afetividade que envolvem a educação, sobretudo a educação especial e inclusiva, devem orientar, compreender e acolher os familiares.

Ao iniciar a construção familiar ou o processo de gestar uma criança, os familiares, principalmente a mãe, idealizam esse pequeno sujeito, em um imaginário envolto por sentimentos positivos e amorosos. Assim, os familiares refletem e conversam sobre as características físicas do bebê, se se parecerá com a mãe, com o pai ou até mesmo com os avós. Em um segundo momento, há uma idealização social, que se refere à interação da criança com os pares e em diversos ambientes, como o filho na escola e os amigos que ele terá. Após, alguns pais e familiares chegam a imaginar a vida adulta, a profissão, o casamento, os netos. A respeito disso, Sousa (2003, p. 66) afirma que

A idealização do bebê não se limita à concepção na barriga da mãe, mas integra um conjunto mais vasto de motivações conscientes e inconscientes, como a eternidade do amor entre o casal, a continuação da espécie, a longevidade da família, a transmissão de regras e normas culturais e familiares, assim como o continuar da história intergeracional da família.

Essa projeção do filho idealizado não inclui o diagnóstico de um filho deficiente, e é exatamente essa situação concreta que gera o luto na família.

Três circunstâncias influenciam a perda ou a "morte" do filho perfeito. A primeira ocorre ainda na gestação, por meio dos exames ecográficos e, posteriormente, se necessário, dos exames de análises cromossômicas. Outra possibilidade é no nascimento, quando a equipe pediátrica realiza testes e exames e se certifica de que a criança é deficiente. Uma terceira situação inclui os diagnósticos ao longo da infância.

Em todas essas situações, o luto pela morte do filho perfeito gera sentimentos dolorosos e acarreta certos impactos na família. A fase inicial é o **choque** ao receber o diagnóstico, seguido da **negação**, que é a segunda fase. Na negação, os pais não aceitam o diagnóstico e buscam outras opiniões médicas, almejando escutar que o filho não é deficiente ou que a situação não é tão grave. O diagnóstico ocasiona um choque inicial que promove outros sentimentos, incluindo a revolta, a culpabilidade e, em alguns casos, a rejeição.

A revolta e a culpabilidade são sentimentos muito comuns entre os agentes parentais, pois eles buscam culpados pela deficiência de sua prole. Uma das justificativas que também podem encontrar para tal "infortúnio" são as convicções religiosas, como o "castigo divino". Dessa forma, questionam o que fizeram de errado ou quais ações poderiam ter executado para que o filho não fosse deficiente. Essas reflexões podem criar situações de mal-estar entre o casal ou com os demais familiares, além de desespero, trauma, perturbação e desequilíbrio emocional.

Em algumas famílias, a vinda do filho com deficiência – descoberto no pré ou no pós-parto – denota fracasso materno, culpabilizando-se, assim, direta e erroneamente, a mulher. Socialmente, isso acontece da mesma forma, porque gestar uma criança deficiente afeta não somente o aspecto emocional da mãe, mas também sua imagem, vinculando-se a ela a incapacidade de gerar um filho sem anomalias, síndromes ou deficiências. Já a mãe se sente do mesmo modo, martirizando-se e indagando-se.

Além das circunstâncias citadas, a progenitora enfrenta momentos depressivos e de luto, aniquilando, para ela mesma, a figura do filho ideal e as diversas expectativas que gestou junto com o bebê. Em casos de diagnóstico pós-parto, a comoção pode ser ainda maior. Afinal, o temor de gerar um filho com deficiência se materializa, e os anseios existentes até o momento com a certeza do filho perfeito precisam desaparecer e dar espaço à realidade: a do filho com deficiência.

As reações familiares remodelam-se em um processo interno e individual, pois englobam as crenças e as culturas de cada núcleo. No entanto, há um elemento significativo capaz de interferir e direcionar a intensidade dos sentimentos no processo de aceitação: a deficiência diagnosticada. Assim, ao passo que a deficiência é identificada e os pais a relacionam com a sociedade, tudo pode transmudar. Nessa perspectiva, os pais se perguntam como os filhos deficientes serão vistos e tratados pela coletividade.

Embasados nos estudos realizados por Assumpção e Sprovieri (2000), identificamos como terceira fase o *enfrentamento do problema*. Todavia, essa fase pode ser considerada uma pseudomobilização, visto que é nesse instante que os familiares tentam convencer a si mesmos de que aceitaram a condição de deficiente do filho e se inserem na busca por direitos e melhorias da qualidade de vida dele.

A quarta fase pode ser variável ou de *convivência com a realidade*, ou seja, não há nela uma característica fixa, mas sim momentos conflitantes que se alternam. Ora os familiares demonstram aceitação, por exemplo, reconhecendo algo positivo em relação ao filho deficiente, ora demonstram rejeição. Esse processo inclui esconder o filho deficiente da sociedade ou tecer comparativos entre ele e as demais crianças tidas socialmente como "normais", o que deixa, por consequência, os pais confusos e emocionalmente abalados. Há ainda a possibilidade do não enfrentamento e de calar-se diante de possíveis situações referentes à prole.

As emoções dos pais e dos familiares diante das dificuldades que o filho deficiente poderá enfrentar continuam acarretando outros sentimentos intensos, os quais são entendidos como **medo** e **insegurança**, característicos da quinta fase. Ao pensarmos nas funções maternas e paternas, independente de se ter gerado um filho deficiente ou não, esses sentimentos invadem os pais ao projetarem o futuro da criança, porém são potencializados conforme as limitações que o filho for apresentando. Dessa maneira, é questionável, mas também compreensível; quando os progenitores determinam, mesmo que a criança deficiente seja ainda muito pequena, quem deverá ficar responsável por ela na ausência física dos pais, como em casos de morte.

O preconceito e a discriminação social assumem um papel determinante nas reflexões dos progenitores, que sentem emocionalmente o peso desses elementos, o que interfere, em alguns casos, no processo de aceitação. Essa situação decorre dos estereótipos criados ao longo de décadas e que estão fortemente cristalizados na sociedade. Esse cenário está diretamente relacionado a questões culturais, ou seja, a PcD, por exemplo, raramente é protagonista ou personagem em peças teatrais, filmes ou telenovelas. Quando participa dessas produções, é tida, nas narrativas, como inútil e não apenas limitada, mas também incapaz de vivenciar histórias de sucesso, seja no âmbito pessoal, seja no profissional. A sociedade coloca-a à margem, como se não tivesse potencialidades e capacidades de se desenvolver e atuar de maneira autônoma.

Assim, a aceitação da família deve se estender à sociedade e ao fato de a criança com deficiência ser isolada total ou parcialmente do convívio social, o que, de fato, causa angústia familiar, sobretudo materna. Ao tentar integrar o sujeito com deficiência na sociedade – a qual, por sua vez, pode não o receber com respeito –, ele é isolado e forçadamente tolhido seu direito à cidadania. Dessa forma, a pessoa é excluída mesmo que, com limitações, se apresente no direito e em plenas condições de interagir/socializar. Os seres humanos, com ou sem deficiência, são aptos a viver coletivamente. Como já citado no primeiro capítulo, o homem aprendeu a viver em grupos, e a aceitação pública é fundamental nesse processo de integralização. Dessa maneira, partilhamos do pensamento da autora Lígia A. Amaral (1994, p. 40), que diz:

> Política tão antiga quanto a humanidade, a segregação apoia-se no tripé: preconceito, estereótipo e estigma. Tentando sintetizar a dinâmica entre eles: um preconceito gera um estereótipo, que cristaliza o preconceito, que fortalece o estereótipo, que atualiza o preconceito. [...] círculo vicioso, levando ao infinito. Paralelamente o estigma (marca, sinal) colabora com essa perpetuação.

Com isso, podemos afirmar que o preconceito está ligado ao estereótipo e que ambos advêm do desconhecido, uma vez que a ausência de conhecimento sobre as deficiências suscita pensamentos errôneos que se convertem em preconceitos e enraízam estereótipos.

Naturalmente, as condições físicas, motoras e mentais limitam o ser humano, porém, em sua maioria, as PcD recebem rótulos e sofrem preconceito velado por meio de olhares de piedade e de julgamento, inferiorizando-as. Todo sujeito com deficiência é, via de regra, visto como mentalmente incapaz e desprovido de recursos financeiros.

Os movimentos de educação especial e inclusiva surgem, então, com a finalidade de colocar a PcD na condição de igualdade social perante os demais sujeitos. Desse modo, os estereótipos devem se enfraquecer, principalmente quando a sociedade, de maneira ampla, inicia um processo de conscientização respeitosa sobre as capacidades, potencialidades e limitações da PcD.

Com o exposto, notamos que há a necessidade de conscientização popular, sendo determinante a participação das secretarias da educação e da saúde por meio de campanhas e recursos que promovam a autonomia e a acessibilidade para a PcD, inserindo-a de fato em diversos ambientes e em situações próximas às atividades dos outros membros da comunidade.

## 3.4 Parceria colaborativa entre famílias, escola e profissionais

A condição de PcD implica alterações necessárias em suas atividades rotineiras para possibilitar autonomia e aprendizagem. Algumas dessas alterações precisam ser ainda mais eficazes, em especial quando envolvem interações entre os pares, saúde e questões pessoais, justamente para amenizar as dificuldades do dia a dia não somente da PcD, mas também dos próprios familiares.

Para tanto, é vital um trabalho de caráter **colaborativo**, termo cuja conceituação etimológica remete à informação, transmissão e partilha, mostrando a relevância de uma busca coletiva por tomadas de decisões e direcionamentos para o desenvolvimento do sujeito com deficiência. *Colaborar* (*co-labore*) significa "trabalhar junto", o que implica compartilhar objetivos e uma intenção explícita de somar e criar algo novo ou diferente, o que se contrapõe a uma simples troca de informação ou à transmissão de instruções (Kaye, 1991).

Portanto, considerando o exposto, a ação que se estabelece entre família, escola e rede de apoio se define como colaborativa e visa partilhar momentos, desafios, descobertas e direcionamentos comuns. Para Mendes (2006, p. 29), talvez

> uma das mudanças mais desafiadoras para os profissionais na perspectiva da colaboração seja deixar de exercer um papel que foi tradicionalmente individual e passar para uma atuação que exige compartilhar metas, decisões, instruções, responsabilidades, avaliação da aprendizagem e resoluções dos problemas.

Quer dizer, é essencial compreender que o processo de crescimento da PcD não se dá de maneira isolada, ou seja, esse processo faz parte de uma grande rede de conexões que busca agir focalizando o mesmo objetivo. Assim, o termo *ação colaborativa* remete à união, junção de trabalhos e partilha de recursos, como indica a Figura 3.4, a seguir.

**Figura 3.4** – Rede de apoio – Trabalho colaborativo

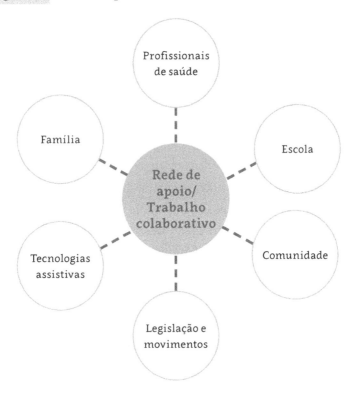

Fonte: Elaborado com base em Mendes, 2006.

Como podemos observar, a rede colaborativa está associada ao desenvolvimento do sujeito com deficiência e ao enfrentamento de suas adversidades pessoais e coletivas, do mesmo modo que as de sua família. Nesse viés, as questões sociais se voltam para auxílios e informações, envolvendo, igualmente, o apoio emocional e afetivo.

Fica claro, assim, que, além dos processos internos para o cuidado do membro familiar com deficiência, há uma dinâmica que permeia a família. Nela se enquadram outros parentes, sobretudo os mais próximos, como tios e avós maternas. Podem ser incluídas também nesse cuidado a própria escola e a comunidade escolar como um todo. Em outras palavras, é possível afirmarmos que existe uma sociedade que procura apoiar de diferentes maneiras, como as ilustradas adiante, na Figura 3.5, a família e a criança com deficiência na conquista da qualidade de vida. Com isso, se constitui uma rede de apoio diferente daquela que outrora definimos, na qual profissionais de diversas áreas se engajam na promoção da evolução do indivíduo deficiente.

**Figura 3.5** – Rede de apoio – relações humanizadas

Realiza tarefas domésticas

Oferece suporte emocional

Rede de apoio

Cuida dos outros filhos

Orienta e presta informações

Fonte: Elaborado com base em Mendes, 2006.

As redes de apoio, compostas ou por profissionais específicos ou por familiares, e sua postura humanizada trazem resultados significativos para os progenitores e para o filho com deficiência. Ou seja, essas ações positivas e potencializadoras se refletem realmente no desenvolvimento do sujeito. Nessa vertente, quanto mais apoio e suporte a família e a criança com deficiência recebem, melhor será o processo de aceitação da "morte" do filho idealizado e do nascimento do filho com deficiência.

Podemos afirmar que os familiares inseridos em uma sólida rede de apoio compreendem, aceitam e apoiam, com menor dificuldade, o filho com deficiência. Naturalmente, há familiares que, independente da rede de apoio, externam melhor os sentimentos de aceitação do membro familiar com deficiência.

A rede de apoio busca o equilíbrio do sujeito e da família em diversas perspectivas, como vemos na Figura 3.6, inclusive oferecendo atendimento humanizado, sobretudo de pediatras, fisioterapeutas, fonoaudiólogos, psicólogos, além da comunidade e até mesmo de líderes religiosos, isto é, de todos os indivíduos relacionados à PcD e seu núcleo familiar.

**Figura 3.6** – Esquema de rede de apoio – equilíbrio em diversos aspectos para a família

| Apoio instrumental | Apoio emocional | Apoio de informação |
|---|---|---|
| Ajuda tangível | Relações de empatia, escuta, confiança e cuidado | Orientações e sugestões |

| Apoio afetivo | Interação social positiva |
|---|---|
| Relações de afetividade e questões emocionais | Lazer, recreação e interação |

Fonte: Elaborado com base em Silva, 2007.

Cada componente da rede colaborativa (ou rede de apoio) possui uma função específica no desenvolvimento da PcD e deve criar, de fato, um bom vínculo de confiança e reciprocidade com os familiares, que, juntos com o deficiente, estão inseridos no cerne do processo. Esse envolvimento familiar inclui o profissional abster-se de prejulgamentos e conceitos, bem como dos estereótipos sociais referentes à deficiência. Assim, é perceptível que a rede colaborativa deve também compreender a necessidade de tratamento e mostrar aos familiares a relevância de participar e auxiliar na educação e no desenvolvimento da criança.

## 3.5 Desafios e perspectivas para a inclusão escolar

No decorrer das décadas, a educação especial percorreu um trajeto extremamente relevante, sobretudo quanto a dois aspectos: social e de construção da escolarização, tanto para a criança com deficiência como para seus familiares. Nessa vertente, a proximidade e o respeito aos alunos PAEE se tornaram ações/posturas essenciais nas instituições escolares. Acerca desses movimentos na direção da inclusão, o Ministério da Educação (MEC) pontua

> que a inclusão bem-sucedida desses educandos requer um sistema educacional diferente do atualmente disponível. Implica a inserção de todos, sem distinção de condições linguísticas, sensoriais, cognitivas, físicas, emocionais, étnicas, socioeconômicas ou outras e requer sistemas educacionais planejados e organizados que deem conta da diversidade dos alunos e ofereçam respostas adequadas às suas características e necessidades. (Brasil, 2003b, p. 23)

Esse movimento de inserção e inclusão do sujeito com necessidades educacionais especiais na escola regular culminou, além de nos progressos emblemáticos e benéficos já mostrados, na interposição de alguns desafios na área educacional. Como já analisado, o tripé família, escola e sociedade é fundamental para o desenvolvimento integral dos sujeitos, no entanto, é preciso considerar as especificidades destes, bem como suas limitações e potencialidades. É exatamente nesse contexto que dois dos principais desafios da educação especial e inclusiva se instauram: o sistema educacional e a flexibilidade curricular. Ainda segundo o MEC,

> A maioria dos sistemas educacionais ainda se baseia na concepção médico-psicopedagógica quanto à identificação e ao atendimento de alunos com necessidades especiais. Focaliza a deficiência como condição individual e minimiza a importância do fator social na origem e manutenção do estigma que cerca essa população específica. Essa visão está na base de expectativas massificadas de desempenho escolar dos alunos, sem flexibilidade curricular que contemple as diferenças individuais. (Brasil, 2003, p. 25)

A fim de levá-lo, leitor, a compreender com propriedade essa temática, faremos algumas reflexões e retornaremos à história da educação, sem nos abster de citar as legislações e normatizações direcionadas à educação básica brasileira – sobretudo ao seu aspecto conteudista e ao avanço de nível –, as quais serão aprofundadas/esmiuçadas com outro enfoque em capítulo posterior.

Claramente, a sociedade percebe e transfere para a escola a responsabilidade do ensinar e formar plenamente, a qual, por sua vez, assume essa incumbência, procurando desenvolver os sujeitos para viver ativa e democraticamente naquela mesma sociedade. Desse modo, a sociedade é percebida como diversa, e não como um montante de seres humanos iguais, sem particularidades, sem cultura e sem diversidade. Esse pensamento provoca, assim, a seguinte reflexão: Se a sociedade é composta por seres diversos, por que temos um currículo escolar fixo e, em certa medida, imutável?

Vemos, nessa perspectiva, uma incoerência na atuação da escola que, de fato, interfere de maneira significativa no processo de inclusão do aluno PAEE. As ações, metodologias e práticas pedagógicas tornam-se, pela razão há pouco exposta, limitadas, resultando em desafios e afetando a condição idealizada de trabalhar os mesmos conteúdos. Contudo, para superar em algum grau aquela rigidez curricular, esses conteúdos são adaptados conforme as limitações ou potencialidades dos alunos, permitindo que todos tenham acesso ao conhecimento histórico e cultural sistematizado.

De acordo com o MEC as adaptações curriculares são fundamentais e devem perpassar o projeto político-pedagógico da instituição, inserindo nesse contexto a organização escolar, as redes de apoio e os aspectos estruturais. Paralelamente a essa adaptação, devem ser observadas e adaptadas, se necessário, as atividades para a turma do aluno com necessidades educacionais especiais, a fim de que, dessa maneira, ele participe e desenvolva-se de acordo com suas demandas, incluindo-se e não apenas se integrando no ambiente educacional. Para finalizar, faz-se necessária também a atuação do corpo docente, inclusive com a postura e o conhecimento, por parte do professor, nos âmbitos individual e coletivo.

Tencionando sanar os desafios e que, realmente, a educação especial e inclusiva se instale em sua totalidade, outros aspectos também são relevantes, como o próprio olhar da escola direcionado ao aluno PAEE. Dessa maneira, todos que a compõem deverão auxiliar o aluno a se apropriar de conhecimentos e habilidades do mesmo modo que os demais estudantes tidos como regulares. Se essa condição não for verdadeiramente explorada e praticada, haverá déficits de aprendizagem, independentemente da condição física e intelectual do aluno.

Nessa perspectiva, todos os alunos (com diagnóstico ou não de deficiência, transtornos globais do desenvolvimento, altas habilidades ou superdotação) precisam, em algum momento, de mais apoio para a aprendizagem. Além disso, muitas vezes, eles são beneficiados por diferentes estratégias de ensino e contato diversificado com os conteúdos para melhor reconstruí-los e assimilá-los. A sensibilidade e o conhecimento do professor também devem possibilitar adaptações em sua forma de ensinar, o que, muitas vezes, pode se referir a mudanças consideráveis e de paradigmas.

Tais posturas tornam possível a partilha de responsabilidade, desafios e progressos da educação especial e inclusiva para todos da escola regular. Ainda, impede a segregação entre os educandos e, consequentemente, a criação de uma escola de educação especial dentro da escola regular.

## Síntese

Neste capítulo, compreendemos como ocorrem, sob um viés social, diversas situações referentes à PcD e o seu processo de escolarização. Ou seja, "experienciamos" como pode e deve ocorrer a inclusão escolar de estudantes PAEE desde a educação infantil até o ensino superior.

Nessa vertente, foram abordadas, por exemplo, as características e funções da sala de recursos, o trabalho realizado em contraturno, o atendimento às necessidades específicas do aluno PAEE e o apoio complementar e suplementar dos serviços educacionais regulares.

Posteriormente, falamos sobre a parceria entre a família e a escola, o que contribuiu e enriqueceu a compreensão das temáticas referentes à família e aos sistemas de ensino na inclusão escolar. Desse modo, vimos quem são aqueles que compõem a rede de apoio e os profissionais que contribuem diretamente para o desenvolvimento dos alunos deficientes.

Ao final do capítulo, observamos alguns desafios e perspectivas que permeiam a educação especial e inclusiva, como: movimento de inserção e inclusão, aspectos sociais e construção do processo de escolarização.

Com base nesses pontos, o capítulo auxiliou no entendimento das funções docente, familiar e social na promoção de uma escola igualitária para todos, ou seja, que inclua os alunos com deficiência ou com necessidades educacionais especiais.

## Indicação cultural

O FILHO eterno. Direção: Paulo Machline. Brasil, 2016. 90 min.

A fase da descoberta do filho com deficiência causa nos pais e familiares próximos um misto de sentimentos – incertezas, revolta e, contraditoriamente, esperança e amor, além da experiência do "luto". A incrível história desse filme ajuda a exemplificar algumas discussões/reflexões vistas neste capítulo. Nesse filme, quando do nascimento do filho, os pais são informados da chegada de uma criança com síndrome de Down. A partir de então, a família vivenciará muitos obstáculos, conquistas e descobertas.

# Atividades de autoavaliação

1. A educação brasileira ramifica-se em etapas que compõem o processo de escolarização dos sujeitos com ou sem deficiência. Esse processo é, por lei, garantido a todas as pessoas; desse modo, os alunos público-alvo da educação especial e inclusiva (PAEE) estão nele inclusos desde a educação infantil até o ensino superior. Com base nisso, analise as etapas da educação dispostas a seguir e relacione-as às suas definições:

I) Educação infantil
II) Ensino fundamental I e II
III) Ensino médio
IV) Ensino superior

( ) Não determina a idade de acesso e é compreendida pelos cursos de graduação e pós-graduação.

( ) De 0 aos 5 anos, visa ao desenvolvimento infantil na abordagem do cuidado em sua primeira infância.

( ) Última etapa da educação básica e com duração de três anos.

( ) Etapa obrigatória do ensino básico brasileiro. Seu período é determinado pelo tempo mínimo de nove anos, com o objetivo de formar o cidadão em diversos aspectos, que compreendem desde a alfabetização até os aspectos políticos e sociais.

Agora, assinale a alternativa que contém a sequência correta:

a) IV, II, I, III.
b) III, I, II, IV.

c) IV, I, III, II.
d) III, I, IV, II.
e) II, I, III, IV.

2. A sala de recursos é, certamente, fundamental para o desenvolvimento dos alunos com necessidades educacionais especiais. Considerando essa afirmativa e o conteúdo do capítulo, leia o fragmento do texto adiante.

A sala de recursos apresenta particularidades que a classificam. Dentre suas características e funções, encontramos o trabalho realizado em(no) _____, podendo ser feito em pequenos grupos ou _____. Para tanto, o professor deve possuir formação específica. A sala de recursos visa a atender às necessidades específicas do aluno _____, além de apoiar, complementar e suplementar os serviços educacionais regulares.

Agora, assinale a sequência de palavras que completa corretamente o texto citado:

a) período da manhã, coletivamente, público-alvo da educação especial e inclusiva.
b) contraturno, individualmente, público-alvo da educação especial e inclusiva.
c) período da noite, individualmente, da comunidade.
d) período vespertino, coletivamente, itinerante.
e) período da manhã, individualmente, da comunidade.

3. A família e a escola devem construir sólidas relações para benefício e desenvolvimento dos sujeitos, sobretudo do público-alvo da educação especial e inclusiva (PAEE). Nessa vertente, há dois desafios enfrentados no processo de escolarização do aluno PAEE, sendo um deles a esfera social. A respeito disso, é correto afirmar:

   a) Há um déficit na relação entre aluno PAEE e docentes, aumentando a segregação escolar.

   b) Há uma relação sólida e integradora, mas não, de fato, inclusiva e socializadora.

   c) Há uma relação positiva, porém que, no âmbito cognitivo, anula os aspectos que corroboram a socialização entre os pares.

   d) Há a relação e a integração entre a criança PAEE e os profissionais da educação, além dos processos de socialização e inclusão.

   e) Há uma classificação entre os estudantes regulares e PAEE, promovendo uma segregação interna entre os sujeitos.

4. O luto, um processo doloroso e intenso, compreende uma das etapas da aceitação da família que receberá um filho com deficiência. Esse processo é decorrente, via de regra, da:

   a) idealização do filho, o que, social e unanimemente, não inclui o diagnóstico de uma criança com deficiência.

   b) ausência de desejo pelo filho gerado.

   c) exclusão de idealização do filho imaginário.

   d) intencionalidade de gerar um filho com deficiência, o qual é visto socialmente como o filho idealizado.

   e) ausência da compreensão sobre o filho com deficiência.

5. A educação especial e inclusiva e o desenvolvimento da criança com deficiência não dependem apenas da sala de aula, mas também do papel de diversos outros profissionais e pessoas que compõem a rede de apoio, além de recursos tecnológicos e digitais e de movimentos específicos. A respeito dos movimentos voltados para a socialização das pessoas com deficiência, assinale a alternativa que contempla a finalidade deles:

a) Promover a segregação social.

b) Auxiliar na desigualdade entre os sujeitos e as oportunidades.

c) Colocar a pessoa com deficiência na condição de igualdade social.

d) Promover, entre os sujeitos, com e sem deficiência, uma classificação social.

e) Inserir a pessoa com deficiência em uma condição econômica desigual.

## Atividades de aprendizagem

### Questões para reflexão

1. Observe novamente a Figura 3.4 e discuta com seus colegas que relevância a rede de apoio apresenta para o desenvolvimento e a escolarização dos sujeitos PAEE. Atente também para o fato de que há não somente profissionais especializados nessa rede. Posteriormente, construa um mapa conceitual com os principais apontamentos discutidos.

**Figura A** – Rede de apoio

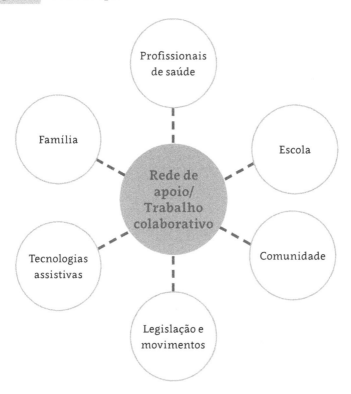

Fonte: Elaborado com base em Mendes, 2006.

2. A rede de apoio, como vimos ao longo deste capítulo, apresenta diversas funções, uma das quais é auxiliar emocionalmente a família. Reflita sobre os eixos que compõem tal rede e, focalizando a "escola", analise e descreva como essa instituição de ensino/educacional pode dar suporte às famílias.

## Atividade aplicada: prática

1. Visite um centro de tratamento para crianças com deficiência e produza, com base no que constatar, um relatório sobre a relevância da rede de apoio para a família da criança com deficiência, ou seja, anote o que observar e dialogue tanto com as pessoas que fazem parte desse grupo (rede de apoio) quanto com as por ele atendidas.

Capítulo 4
# Público-alvo da educação especial e inclusiva no acesso à formação profissional, ao trabalho e à inclusão social

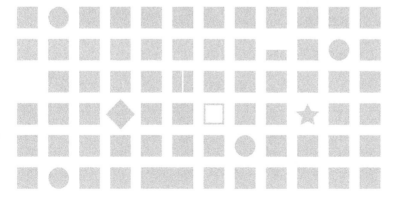

*"Em nosso país, há uma descontinuidade das políticas públicas nos serviços de atendimento educacional especializado".*

Sakaguti (2017, p. 76)

**Neste capítulo, retrataremos** a realidade transformada entre o final do século XX e o século XXI quanto aos aspectos legais e sociais para a pessoa com deficiência (doravante PcD) e o mercado de trabalho. Veremos, sequencialmente, como a sociedade não estava preparada para aceitar e empregar PcD, bem como as adversidades enfrentadas por elas para se profissionalizarem.

Nesse contexto, duas leis significativas foram implantadas na esfera federal: a Lei de Cotas (1991) e a Lei Brasileira de Inclusão (2015). Verificaremos os principais artigos dessas leis e faremos um comparativo de suas contribuições, principalmente nos âmbitos da escolarização e da profissionalização, além da saúde, do trabalho e da promoção social.

## 4.1 Política brasileira para a formação profissional

No Brasil, foram implementadas diversas políticas ao longo do tempo com o intuito de atender tanto aos interesses políticos e partidários quanto à população e suas necessidades emergenciais. A condição de PcD, na contemporaneidade e para as políticas públicas, é definida como "resultado de algum impedimento físico ou mental, presente no corpo ou na mente de determinadas pessoas" (Brasil, 2012, p. 16). Com base nessa conceituação, é traçado o perfil da sociedade brasileira, a saber:

> A deficiência é um fenômeno global, frequentemente associado à pobreza, com impactos políticos, econômicos, culturais e sociais, e implicações para a sociedade como um todo. Segundo dados da Organização das Nações Unidas, estima-se que 15,3% da população mundial (cerca de 978 milhões de pessoas dos estimados 6,4 bilhões de habitantes em 2004) possuíam "deficiências graves ou moderadas", enquanto 2,9% ou cerca de 185 milhões enfrentavam "deficiências graves". Segundo dados do Censo IBGE 2010 há no Brasil cerca de 45,6 milhões de pessoas com deficiência, o que corresponde a 23,92% da população brasileira. (Brasil, 2012, p. 16)

Contudo, devemos perceber que as políticas públicas estão atreladas a diversas áreas, contemplando, por exemplo, educação e formação de professores, saúde, trabalho, moradia e meio ambiente. Elas devem

> garantir a universalização de políticas sociais e o respeito às diversidades, sejam elas étnico-raciais, geracionais, de gênero, de deficiência ou de qualquer outra natureza. O esforço de garantir e ampliar a participação da sociedade brasileira nas decisões governamentais acerca das pessoas com deficiência foi materializado na realização de duas Conferências Nacionais sobre os Direitos das Pessoas com Deficiência, nos anos de 2006 e 2008. (Brasil, 2012, p. 15)

Nessa perspectiva, a área da educação especial e inclusiva, quanto aos aspectos da inserção da PcD no mercado de trabalho, passou por transformações significativas. Com a

Lei n. 8.213, de 24 de julho de 1991 (Brasil, 1991), socialmente conhecida como *Lei de Cotas*, e a Lei n. 13.146, de 6 de julho de 2015 (Brasil, 2015), algumas situações mudaram nos setores secundários e terciários que compõem a economia brasileira, conforme verificaremos ao longo deste capítulo.

No período entre as décadas de 1970 e 1990, observamos cenários que provocam a seguinte indagação: Havia espaço no mercado de trabalho para a pessoa com deficiência ou ela estava predestinada a não exercer profissão formal? Esse questionamento remete ao que vimos, no segundo capítulo, sobre a normalidade preestabelecida socialmente, ou seja, as posturas e formas físicas distintas do padrão também não são bem vistas no âmbito profissional.

As múltiplas sociedades e os grupos que as constituem possuem maneiras diferentes de tratar as particularidades/necessidades dos sujeitos com deficiência. Contudo, ao estreitarmos essa temática fazendo um recorte nacional, verificamos que o Brasil considerava esses sujeitos deficientes incapazes de exercer funções e de adentrar no mercado formal de trabalho. Dessa forma, eles eram deixados à margem da sociedade, com sua subsistência resultando de doações e do recebimento de benefícios, o que, de certa maneira, fortalecia a concepção geral de que PcD são limitadas e desprovidas economicamente.

Retornando ao questionamento anterior, detenhamo-nos no período histórico das décadas de 1970 a 1990, pois nele a realidade do trabalho para a PcD ainda estava fundada na informalidade. Nesse cenário, a PcD buscava atender a duas de suas próprias demandas: a financeira e a emocional, sendo que a segunda se voltava para o sentimento de utilidade na sociedade.

Estavam fortemente presentes na referida conjuntura os rótulos socialmente atrelados ao sujeito com deficiência, evidenciados ora com sentimentos e palavras de pena, ora com olhar de incapacidade nata. Assim, muitos estereótipos foram fabricados e perduraram por décadas, dentre os quais alguns prevalecem até na contemporaneidade. Devido a esses estereótipos, as PcD, em sua maioria, foram largadas à própria sorte. Quanto à situação aqui exposta, a autora Sueli Fernandes (2013) aponta diferenças básicas entre os termos *incapacidade* e *impedimento*, explicitadas na Figura 4.1, a seguir.

**Figura 4.1** – Conceituação de incapacidade e impedimento

| Incapacidade |
| :--- |
| Diz respeito à restrição ou à impossibilidade de realizar uma atividade em decorrência de uma deficiência. |

| Impedimento |
| :--- |
| É uma situação que coloca em desvantagem uma pessoa com uma limitação ou uma deficiência, em razão das barreiras que ela enfrenta ao tentar realizar uma atividade por falta de condições nos meios físico e social. |

Fonte: Elaborado com base em Fernandes, 2013.

Com base nessas conceituações e em casos vistos ao longo desta obra, constatamos a necessidade emergencial de transformações paradigmáticas, principalmente nas esferas educacionais e nas relações sociais de trabalho. Para tanto, em 2008, ocorreu a II Conferência Nacional dos Direitos da Pessoa com Deficiência. Ela foi significativa para transformações no cenário brasileiro envolvendo a PcD e o mercado de trabalho, somada a legislações que abordaremos na sequência do capítulo[1], e propunha: "Assegurar a educação profissional da pessoa com deficiência, em parceria com instituições da educação profissional, alocando recursos orçamentários para esse fim, assegurando a inclusão digital e a preparação para o aproveitamento no mercado de trabalho de acordo com a Lei de Cotas" (Brasil, 2012, p. 53).

Nesse cenário nacional de políticas voltadas à PcD e o mercado de trabalho, deparamo-nos com relatos de sucesso pessoal e profissional aos quais, além de oportunidades e de paradigmas sociais, estão atrelados a personalidade e a visão de si e de mundo dos sujeitos envolvidos. Analisaremos essas situações posteriormente, ao focalizarmos as minúcias do "estudo de caso" do Capítulo 5. Também perceberemos com um exemplo prático a importância da relação família, sociedade e escola,

---

[1] "Decorridos dois anos da realização da I Conferência Nacional, entre 1 e 4 de dezembro de 2008, teve lugar, em Brasília, a II Conferência Nacional dos Direitos da Pessoa com Deficiência. O tema central foi 'Inclusão, Participação e Desenvolvimento – Um novo jeito de avançar', com base em três eixos temáticos: 1 – saúde e reabilitação profissional; 2 – educação e trabalho; e 3 – acessibilidade. A II Conferência Nacional contou com a participação de 1.798 pessoas. Além dos delegados que haviam participado das etapas anteriores, estiveram presentes autoridades, convidados, acompanhantes, expositores e as equipes técnica e de apoio. [...] a II Conferência foi um espaço democrático de participação popular, de caráter deliberativo, embasado na equidade e no direito à cidadania, na afirmação da solidariedade social e da responsabilidade de todos no processo de construção e monitoramento das políticas públicas" (Brasil, 2012, p. 25, 29).

ou seja, como de fato a rede de apoio contribui para a formação biopsicossocial do sujeito com deficiência.

## 4.2 Lei de Cotas

Em meados da década de 1990, com uma demanda moderada de brasileiros com deficiência, os quais, de fato, não tinham apoio para trilhar uma caminhada profissional, ficando, em muitos casos, à margem da sociedade pela ausência de oportunidades, tanto escola quanto sociedade sofreram transformações significativas com o intuito de melhorar esse cenário.

Para fomentar o processo de inserção da PcD no mercado formal de trabalho e fazer a sociedade participar dessa inclusão profissional, foi introduzida a Lei n. 8.213/1991. Ela implantou as cotas como "uma ação afirmativa em que há estabelecimento de um número preciso de lugares ou da reserva de algum espaço em favor de membros do grupo beneficiado" (Menezes, 2001, p. 30).

Quando pensamos no proposto por tal lei, evocamos duas interpretações. A primeira delas é a do deficiente, que se sente amparado e com possibilidades de atingir uma condição emocional e econômica igualitária, inclusive quanto aos processos educacionais. A segunda visão – considerada errônea e preconceituosa no âmbito social e, por que não, escolar – envolve a posição dos empregadores na contratação de um funcionário com deficiência, o qual se supõe ser, como mostramos antes, incapaz ou inferior, menos competente que seus colegas.

Tal legislação, vigente há mais de duas décadas, não surgiu com o intuito de beneficiar as PcD em detrimento dos demais sujeitos partícipes da sociedade, mas sim de diminuir as desigualdades em inúmeros setores relativos ao exercício da cidadania, inclusive a escola e o mercado de trabalho.

A Lei de Cotas apresenta alguns pontos significativos não somente para a PcD, mas para a sociedade e os empregadores. Aos empresários e demais funcionários propicia a convivência ativa com uma PcD, o que os faz perceber a capacidade de socialização dela e a construção de uma carreira profissional, desmistificando pensamentos e falas preconcebidas, principalmente aquela segunda interpretação sobre a qual tratamos há pouco.

Essa lei instaura a obrigatoriedade de o empregador, proprietário de empresas de médio e grande portes, com, no mínimo, cem funcionários, contratar PcD para completar a porcentagem mínima de cargos, que varia de 2% a 5%. Essa variação se dá proporcionalmente ao número de funcionários efetivos, conforme a Tabela 4.1, a seguir.

**Tabela 4.1** – Percentual de contratação de pessoas com deficiência

| Até 200 funcionários | 201 a 500 funcionários | 501 a 1.000 funcionários | A partir de 1.001 funcionários |
|---|---|---|---|
| 2% | 3% | 4% | 5% |

Fonte: Elaborado com base em Brasil, 1991.

Naturalmente, os números apresentados na tabela são relativamente baixos, e tais contratações não deveriam ocorrer por caráter de obrigatoriedade, mas sim para que obtenhamos uma sociedade igualitária e inclusiva. No entanto, para atingirmos uma sociedade fundamentada nesses valores sociais e morais, há, certamente, progressos longínquos (escolas trabalhando a condição de igualdade, políticas públicas e sociais que privilegiem e enalteçam a igualdade etc.) a serem alcançados e que devem ser tangidos pelo tripé escola, família e sociedade. As empresas, por sua vez, ao serem fiscalizadas e constatadas irregularidades na contratação de PcD, devem sofrer sanções, como notificações e multas, caso se mantenham irregulares.

Com base no exposto, é imprescindível ligar a Lei de Cotas à sociedade vigente e aos avanços do século XX e XXI. Ou seja, na contemporaneidade, encontramos perspectivas diferentes, porém que buscam, de acordo com as particularidades – da escola, do trabalho, da sociedade com seus locais públicos e também de interação –, proporcionar o exercício da cidadania à PcD.

Certamente, o pilar de todo o processo de aprimoramento e inserção no mercado do sujeito com deficiência está, direta ou indiretamente, atrelado à escola, seja no sentido de busca de profissionalização, seja no quesito da aceitação dos empregadores quanto a sua capacidade e seu profissionalismo. Nessa vertente, a escola inclusiva é responsável, como explicamos antes, pela promoção da autonomia e pelo desenvolvimento social e cognitivo do sujeito com deficiência em condição de igualdade com os demais educandos.

O processo de profissionalização de PcD, todavia, ainda fica aquém do que deveria, pois

é um desafio. O Brasil tem realizado vários avanços no sentido de melhorar a formação e favorecer a educação inclusiva, no entanto, as pessoas com deficiência e seus familiares ainda se deparam com muitos desafios para uma educação de qualidade. (Neves-Silva; Prais; Silveira, 2015, p. 2551)

É na escola que tudo se inicia. É no chão da escola e no processo de escolarização que há o desenvolvimento inicial e os direcionamentos profissionais, incluindo a inserção e a permanência em cursos técnicos e no ensino superior. Sobre isso, Neves-Silva, Prais e Silveira (2015, p. 2552) ainda afirmam:

> Pode-se dizer que a relação entre a educação inclusiva e a inclusão laboral é estreita. A educação inclusiva permite, desde a infância, o convívio entre as pessoas com deficiência e as demais. Isto restringe o preconceito e a discriminação e favorece a inclusão. A educação inclusiva também estimula a pessoa com deficiência a lidar com outros indivíduos, aprimorando a relação que ela estabelecerá com a sociedade.

Ao adentrarmos na temática da Lei de Cotas, devemos, por fim, obrigatoriamente, pensar no conceito de equidade e investigar o nosso entorno. Esse exercício nos permite perceber as inúmeras e distintas situações que se distanciam da equidade no âmbito da justiça e de adaptações de regras, a fim de aplicar um direito justo às partes envolvidas.

## 4.3 Lei Brasileira de Inclusão (LBI)

Conforme elencamos em capítulos anteriores, por décadas o Brasil e a educação especial e inclusiva percorreram um longo trajeto, avançando significativamente quanto aos processos sociais e educacionais. Para selar a apresentação de tais progressos, não podemos deixar de refletir sobre o Estatuto da Pessoa com Deficiência, que originou a Lei n. 13.146/2015, comumente denominada *Lei Brasileira de Inclusão* (LBI).

Em 2016, a LBI passou, efetivamente, a vigorar em seu aspecto social, auxiliando na busca pela autonomia e pela inserção dos sujeitos com deficiência, sobretudo no âmbito profissional. Além disso, essa lei delimita e conceitua, em seu art. 2º, quem de fato é considerado legalmente *pessoa com deficiência*, a saber:

> Art. 2º Considera-se pessoa com deficiência aquela que tem impedimento de longo prazo de natureza física, mental, intelectual ou sensorial, o qual, em interação com uma ou mais barreiras, pode obstruir sua participação plena e efetiva na sociedade em igualdade de condições com as demais pessoas. (Brasil, 2015)

Desse modo, o exercício da cidadania e a busca pela igualdade se fizeram presentes, buscando impedir a segregação e a exclusão dos cidadãos, bem como eliminar a relação entre pobreza, incapacidade e PcD. Conforme o disposto no art. 1º da referida lei:

> Art. 1º É instituída a Lei Brasileira de Inclusão da Pessoa com Deficiência (Estatuto da Pessoa com Deficiência), destinada a assegurar e a promover, em condições de igualdade, o exercício dos direitos e das liberdades fundamentais por pessoa com deficiência, visando à sua inclusão social e cidadania. (Brasil, 2015)

Essa lei certamente não trouxe benefícios apenas no setor educacional. Ela abrangeu uma esfera ampla, abarcando a cidadania como um todo e a tríade aqui estudada (escola, família e sociedade). Afinal, a lei englobou aspectos das áreas de saúde, trabalho, educação, esporte, previdência, entre outras, como mostra esse trecho:

Art. 37. Constitui modo de inclusão da pessoa com deficiência no trabalho a colocação competitiva, em igualdade de oportunidades com as demais pessoas, nos termos da legislação trabalhista e previdenciária, na qual devem ser atendidas as regras de acessibilidade, o fornecimento de recursos de tecnologia assistiva e a adaptação razoável no ambiente de trabalho.

[...]

Art. 41. A pessoa com deficiência segurada do Regime Geral de Previdência Social (RGPS) tem direito à aposentadoria nos termos da Lei Complementar n. 142, de 8 de maio de 2013.

[...]

Art. 42. A pessoa com deficiência tem direito à cultura, ao esporte, ao turismo e ao lazer em igualdade de oportunidades com as demais pessoas, sendo-lhe garantido o acesso:

I – a bens culturais em formato acessível;

II – a programas de televisão, cinema, teatro e outras atividades culturais e desportivas em formato acessível; e

III – a monumentos e locais de importância cultural e a espaços que ofereçam serviços ou eventos culturais e esportivos.

[...]

Art. 43. O poder público deve promover a participação da pessoa com deficiência em atividades artísticas, intelectuais, culturais, esportivas e recreativas, com vistas ao seu protagonismo, devendo:

I – incentivar a provisão de instrução, de treinamento e de recursos adequados, em igualdade de oportunidades com as demais pessoas;

II – assegurar acessibilidade nos locais de eventos e nos serviços prestados por pessoa ou entidade envolvida na organização das atividades de que trata este artigo; e

III – assegurar a participação da pessoa com deficiência em jogos e atividades recreativas, esportivas, de lazer, culturais e artísticas, inclusive no sistema escolar, em igualdade de condições com as demais pessoas.

[...]

Art. 80. Devem ser oferecidos todos os recursos de tecnologia assistiva disponíveis para que a pessoa com deficiência tenha garantido o acesso à justiça, sempre que figure em um dos polos da ação ou atue como testemunha, partícipe da lide posta em juízo, advogado, defensor público, magistrado ou membro do Ministério Público.

[...]

Art. 88. Praticar, induzir ou incitar discriminação de pessoa em razão de sua deficiência: [...].

[...]

Art. 90. Abandonar pessoa com deficiência em hospitais, casas de saúde, entidades de abrigamento ou congêneres.

[...]

Art. 95. [...]

Parágrafo único. É assegurado à pessoa com deficiência atendimento domiciliar pela perícia médica e social do Instituto Nacional do Seguro Social (INSS), pelo serviço público de saúde ou pelo serviço privado de saúde, contratado ou conveniado, que integre o SUS e pelas entidades da rede socioassistencial integrantes do Suas, quando seu deslocamento, em razão de sua limitação funcional e de condições de acessibilidade, imponha-lhe ônus desproporcional e indevido. (Brasil, 2015)

É perceptível que a LBI busca assegurar os direitos civis da PcD, incluindo a proteção contra o abandono, a falta de zelo, a condição de saúde física e emocional e a responsabilidade pelo sujeito, além de todos os aspectos que envolvem a dignidade e a cidadania deste.

Posteriormente, veremos as partes dessa lei que são intrínsecas à educação da PcD. Para tanto, é significativo observarmos desde já que a LBI não se volta apenas para o benefício do aluno com deficiência ou com necessidades educativas especiais. Ela também responsabiliza aqueles que, direta ou indiretamente, não respeitam o processo de inclusão, especialmente quando é recusada a oferta de vagas para os educandos público-alvo da educação especial e inclusiva (doravante PAEE). Nesse cenário, docentes e gestores de instituições de ensino podem ser penalizados com multa ou, em casos mais severos, com reclusão.

Outro ponto importante tratado pela LBI refere-se às cobranças extras para atendimento ao aluno PAEE, ou seja, acréscimos em mensalidades, até mesmo devido à solicitação de profissionais específicos, como tutores, para atendimento individualizado. Nessa condição, o art. 8°, apresentado no excerto adiante, delimita que esse ato constitui crime punível com reclusão de dois a cinco anos e também multa:

I – recusar, cobrar valores adicionais, suspender, procrastinar, cancelar ou fazer cessar inscrição de aluno em estabelecimento de ensino de qualquer curso ou grau, público ou privado, em razão de sua deficiência;

II – obstar inscrição em concurso público ou acesso de alguém a qualquer cargo ou emprego público, em razão de sua deficiência;

III – negar ou obstar emprego, trabalho ou promoção à pessoa em razão de sua deficiência;

IV – recusar, retardar ou dificultar internação ou deixar de prestar assistência médico-hospitalar e ambulatorial à pessoa com deficiência;

V – deixar de cumprir, retardar ou frustrar execução de ordem judicial expedida na ação civil a que alude esta Lei;

VI – recusar, retardar ou omitir dados técnicos indispensáveis à propositura da ação civil pública objeto desta Lei, quando requisitados.

§ 1º Se o crime for praticado contra pessoa com deficiência menor de 18 (dezoito) anos, a pena é agravada em 1/3 (um terço).

§ 2º A pena pela adoção deliberada de critérios subjetivos para indeferimento de inscrição, de aprovação e de cumprimento de estágio probatório em concursos públicos não exclui a responsabilidade patrimonial pessoal do administrador público pelos danos causados.

§ 3º Incorre nas mesmas penas quem impede ou dificulta o ingresso de pessoa com deficiência em planos privados de assistência à saúde, inclusive com cobrança de valores diferenciados.

§ 4º Se o crime for praticado em atendimento de urgência e emergência, a pena é agravada em 1/3 (um terço). (Brasil, 2015)

Como esse artigo indica, a educação especial e inclusiva busca, saudavelmente, garantir e oferecer uma única escola, em condições de igualdade, a todos os sujeitos, com ou sem deficiência. Essa condição está descrita em diversos artigos, especificamente do art. 27, citado a seguir, ao art. 30, com exceção do art. 29, que se encontra vetado.

Art. 27. A educação constitui direito da pessoa com deficiência, assegurados sistema educacional inclusivo em todos os níveis e aprendizado ao longo de toda a vida, de forma a alcançar o máximo desenvolvimento possível de seus talentos e habilidades físicas, sensoriais, intelectuais e sociais, segundo suas características, interesses e necessidades de aprendizagem.

Parágrafo único. É dever do Estado, da família, da comunidade escolar e da sociedade assegurar educação de qualidade à pessoa com deficiência, colocando-a a salvo de toda forma de violência, negligência e discriminação. (Brasil, 2015)

Nessa perspectiva, a LBI garante que todos os sujeitos com deficiência, transtornos globais do desenvolvimento, altas habilidades ou superdotação, necessariamente, frequentem a escola regular de ensino e sejam assistidos em todas as condições, considerando, para tanto, aspectos sociais, emocionais e cognitivos.

Assim, a fim de analisarmos a legislação e refletirmos sobre ela, vejamos as especificidades do art. 28.

Art. 28 Incumbe ao poder público assegurar, criar, desenvolver, implementar, incentivar, acompanhar e avaliar:

I – sistema educacional inclusivo em todos os níveis e modalidades, bem como o aprendizado ao longo de toda a vida;

II – aprimoramento dos sistemas educacionais, visando a garantir condições de acesso, permanência, participação e aprendizagem, por meio da oferta de serviços e de recursos de acessibilidade que eliminem as barreiras e promovam a inclusão plena;

III – projeto pedagógico que institucionalize o atendimento educacional especializado, assim como os demais serviços e adaptações razoáveis, para atender às características dos estudantes com deficiência e garantir o seu pleno acesso ao currículo em condições de igualdade, promovendo a conquista e o exercício de sua autonomia; [...]. (Brasil, 2015)

Embora a sociedade, por meio de informações de diferentes estratos e constantemente veiculadas pela mídia, esteja em um momento de transformações diante do processo social de inclusão, é importante acompanhar e assegurar os direitos dos educandos com deficiência. Afinal, existe uma tênue linha entre o que é de fato posto por lei sobre a inclusão e o que é praticado nas instituições de ensino. Essa relação entre legislação e conscientização dos sujeitos partícipes da sociedade educacional é extremamente significativa para que se faça valer a LBI.

Nessa perspectiva, os incisos I, II e III do art. 28 da LBI buscam a igualdade quanto à condição social e educacional entre os pares com ou sem deficiência. Com esses incisos, todas as etapas da educação brasileira são asseguradas, bem como o estar e permanecer na escola e os recursos disponibilizados ao educando com a finalidade de promover saberes. Além disso, as condições pedagógicas tanto de projetos político-pedagógicos quanto no que se refere à percepção e ao atendimento humanizado, objetivando perceber as limitações e as potencialidades dos educandos com deficiência, são essenciais, assim como as adaptações e a utilização de tecnologia assistiva.

Ainda no art. 28 nos deparamos com os incisos IV ao VIII, que tratam dos seguintes aspectos:

IV – oferta de educação bilíngue, em Libras como primeira língua e na modalidade escrita da língua portuguesa como segunda língua, em escolas e classes bilíngues e em escolas inclusivas;

V – adoção de medidas individualizadas e coletivas em ambientes que maximizem o desenvolvimento acadêmico e social dos estudantes com deficiência, favorecendo o acesso, a permanência, a participação e a aprendizagem em instituições de ensino;

VI – pesquisas voltadas para o desenvolvimento de novos métodos e técnicas pedagógicas, de materiais didáticos, de equipamentos e de recursos de tecnologia assistiva;

VII – planejamento de estudo de caso, de elaboração de plano de atendimento educacional especializado, de organização de recursos e serviços de acessibilidade e de disponibilização e usabilidade pedagógica de recursos de tecnologia assistiva;

VIII – participação dos estudantes com deficiência e de suas famílias nas diversas instâncias de atuação da comunidade escolar. (Brasil, 2015)

Esses incisos têm um viés bastante específico que podemos relacionar com a escola, a família e a sociedade. Isso ocorre porque tais incisos estão voltados diretamente para as ações que auxiliam na promoção da cidadania e da igualdade, garantindo, dessa forma, a oferta bilíngue, além de reflexões e transformações de metodologias e práticas pedagógicas, seja para o olhar direcionado ao sujeito, seja para o coletivo. Além disso, os incisos também indicam pesquisa e planejamento voltados à promoção e às adequações de atendimento especializado e, do mesmo modo, ao desenvolvimento do aluno com necessidades educacionais especiais.

No último inciso, a família é mencionada na condição de participante ativa da comunidade escolar, que, aliada a uma gestão democrática, busca assegurar melhorias e modificações escolares com o intuito de fomentar uma educação de qualidade. Na sequência, analisaremos os incisos IX ao XV, do art. 28, e suas particularidades relacionadas à escola, à família e à sociedade.

IX – adoção de medidas de apoio que favoreçam o desenvolvimento dos aspectos linguísticos, culturais, vocacionais e profissionais, levando-se em conta o talento, a criatividade, as habilidades e os interesses do estudante com deficiência;

X – adoção de práticas pedagógicas inclusivas pelos programas de formação inicial e continuada de professores e oferta de formação continuada para o atendimento educacional especializado;

XI – formação e disponibilização de professores para o atendimento educacional especializado, de tradutores e intérpretes da Libras, de guias intérpretes e de profissionais de apoio;

XII – oferta de ensino da Libras, do Sistema Braille e de uso de recursos de tecnologia assistiva, de forma a ampliar habilidades funcionais dos estudantes, promovendo sua autonomia e participação;

XIII – acesso à educação superior e à educação profissional e tecnológica em igualdade de oportunidades e condições com as demais pessoas;

XIV – inclusão em conteúdos curriculares, em cursos de nível superior e de educação profissional técnica e tecnológica, de temas relacionados à pessoa com deficiência nos respectivos campos de conhecimento;

XV – acesso da pessoa com deficiência, em igualdade de condições, a jogos e a atividades recreativas, esportivas e de lazer, no sistema escolar. (Brasil, 2015)

Tais incisos abrangem amplamente diversos aspectos que se relacionam com a educação especial e inclusiva, partindo da formação continuada dos professores. Entre eles, os incisos XI e XII são sobressalentes, pois incluem a Língua Brasileira de Sinais e o Braille no "chão" da escola, isto é, buscam a formação de professores e profissionais intérpretes para atuarem na escola regular atendendo aos alunos com deficiências auditiva e visual.

Outro aspecto notável que identificamos nesses incisos é a preocupação com a igualdade nas atividades e modalidades de ensino, quer dizer, com o direito de adentrar, frequentar e finalizar cursos de ensino superior, adquirindo, assim, um diploma e uma profissão formal. Essa temática é abordada e adensada pelo art. 30 da LBI.

Do mesmo modo, os incisos citados buscam garantir que o educando com deficiência participe igualmente de toda e qualquer atividade, principalmente física (esportiva e recreativa), que a escola organize e promova. Essas atividades, por sua vez, devem ser pensadas para atender o público em geral, independentemente da condição biopsicossocial dos indivíduos, ou seja, das deficiências que apresentem.

Para finalizar a análise do art. 28, vejamos a seguir o último bloco de incisos, do XVI ao XVIII, e parágrafos.

XVI – acessibilidade para todos os estudantes, trabalhadores da educação e demais integrantes da comunidade escolar às edificações, aos ambientes e às atividades concernentes a todas as modalidades, etapas e níveis de ensino;

XVII – oferta de profissionais de apoio escolar;

XVIII – articulação intersetorial na implementação de políticas públicas.

§ 1º Às instituições privadas, de qualquer nível e modalidade de ensino, aplica-se obrigatoriamente o disposto nos incisos I, II, III, V, VII, VIII, IX, X, XI, XII, XIII, XIV, XV, XVI, XVII e XVIII do caput deste artigo, sendo vedada a cobrança de valores adicionais de qualquer natureza em suas mensalidades, anuidades e matrículas no cumprimento dessas determinações.

§ 2º Na disponibilização de tradutores e intérpretes da Libras a que se refere o inciso XI do caput deste artigo, deve-se observar o seguinte:

I – os tradutores e intérpretes da Libras atuantes na educação básica devem, no mínimo, possuir ensino médio completo e certificado de proficiência na Libras;

II – os tradutores e intérpretes da Libras, quando direcionados à tarefa de interpretar nas salas de aula dos cursos de graduação e pós-graduação, devem possuir nível superior, com habilitação, prioritariamente, em Tradução e Interpretação em Libras. (Brasil, 2015)

O inciso XVI da Lei Brasileira de Inclusão busca assegurar o princípio básico da inclusão, que é o direito à acessibilidade, ao movimento e à liberdade de ir e vir. Além disso, condições adequadas de estudo e trabalho (como edificações bem-estruturadas, com largura de portas correta, banheiros acessíveis, com barras de apoio e rampas de acesso) são fundamentais e itens básicos para locomoção das PcD. Ainda nesse inciso, a oferta de profissionais de apoio escolar e a promoção de políticas públicas que excluam a fragmentação interna também são lembradas.

Em seguida, vêm o art. 29 (vetado) e o art. 30, que explana:

Art. 30. Nos processos seletivos para ingresso e permanência nos cursos oferecidos pelas instituições de ensino superior e de educação profissional e tecnológica, públicas e privadas, devem ser adotadas as seguintes medidas:

I – atendimento preferencial à pessoa com deficiência nas dependências das Instituições de Ensino Superior (IES) e nos serviços;

II – disponibilização de formulário de inscrição de exames com campos específicos para que o candidato com deficiência informe os recursos de acessibilidade e de tecnologia assistiva necessários para sua participação;

III – disponibilização de provas em formatos acessíveis para atendimento às necessidades específicas do candidato com deficiência;

IV – disponibilização de recursos de acessibilidade e de tecnologia assistiva adequados, previamente solicitados e escolhidos pelo candidato com deficiência;

V – dilação de tempo, conforme demanda apresentada pelo candidato com deficiência, tanto na realização de exame para seleção quanto nas atividades acadêmicas, mediante prévia solicitação e comprovação da necessidade;

VI – adoção de critérios de avaliação das provas escritas, discursivas ou de redação que considerem a singularidade linguística da pessoa com deficiência, no domínio da modalidade escrita da língua portuguesa;

VII – tradução completa do edital e de suas retificações em Libras. (Brasil, 2015)

No art. 30 da LBI, o foco é o processo educacional relativo à profissionalização do aluno PAEE, enfatizando o atendimento ao vestibulando e ao graduando com deficiência. Esse processo inclui a disponibilidade de tecnologia assistiva para ampliar e oferecer autonomia ao sujeito, sobretudo nas inscrições e nos processos avaliativos das instituições de ensino superior (IES). Essas avaliações das IES compreendem inclusive elementos/ ações que vão além da tecnologia assistiva, como o ajuste de tempo para realização de provas e a diferenciação dos critérios avaliativos.

Embora a LBI abranja seções diversas que correspondem aos aspectos biopsicossociais do desenvolvimento do sujeito com deficiência, os artigos relacionados à educação reiteram a convicção de que essa lei* e suas ações vigiadas pelo Ministério Público configuram um avanço significativo para a educação especial e inclusiva brasileira. Assim, a LBI foi pensada no âmbito coletivo e individual, social e cognitivo, não permitindo lacunas que suscitem e cristalizem preconceitos, estereótipos e discriminação. No entanto, a lei também é percebida sob outra ótica, pois abre espaço para alguns questionamentos e reflexões por parte, especialmente, das PcD, seus familiares e estudiosos da causa.

## 4.4 Estratégias e metodologias para o trabalho: emprego apoiado, customizado

Na perspectiva social e inclusiva da PcD, após estudarmos as Leis n. 8.213/1991 e n. 13.146/2015, percebemos com maior clareza a relação entre escola, família e sociedade ao longo da formação e do desenvolvimento da PcD, desde a tenra infância até a fase adulta. Assim, finalizada a escolarização do sujeito PAEE, o trabalho formal é considerado o meio social de participação ativa e uma forma de exercer a cidadania em sua totalidade, com exercício de direitos e deveres, necessário, certamente, para a manutenção pessoal e familiar.

Desse modo, consideramos que fazer parte do mercado formal de trabalho, para a PcD, está diretamente atrelado a sua autonomia e a sua busca por igualdade social e econômica. Para tanto, são esperadas algumas ações a fim de que a PcD consiga permanecer no trabalho, ou seja, não somente é preciso ter em conta o âmbito legal, conforme vimos nas leis estudadas anteriormente, mas verificar a inserção e a execução da metodologia do emprego apoiado (doravante EA). Conforme Betti (2011, p. 33),

> pessoas não consideradas habilitadas pelas oficinas protegidas de preparação para o trabalho, com apoios necessários, passaram a ter sucesso na colocação no mercado formal de trabalho com a utilização da metodologia de emprego apoiado, pois ela inverte a prática de inclusão até então existente, de preparar para colocar, passando a colocar para preparar, isto é, as pessoas com deficiência devem ser colocadas em trabalhos de acordo com o seu perfil e depois treinadas no próprio local por meio de um treinador laboral.

Em outras palavras, a metodologia do EA tem o intuito de colocar e recolocar a PcD no mercado formal de trabalho, prestando suporte antes de encaminhá-la para a vaga, ao longo do processo e, igualmente, depois de ela estar empregada.

**Emprego apoiado [definições]**

- Um trabalho remunerado em empresas, com um contrato de trabalho para pessoas com deficiência intelectual que necessitam de apoio e acompanhamento.
- Um sistema de apoio individualizado que se vai retirando à medida que o trabalhador com deficiência intelectual se torna autossuficiente.
- Um conceito filosófico que, ao ser aplicado em contextos integrados, torna possível a prática da igualdade de oportunidades.

Fonte: Fioravante, 2016.

Com o EA, minimiza-se, como afirmamos há pouco, a lacuna entre a PcD e sua inclusão social e propicia-se, também, autonomia e ascensão financeira. Nessa direção, é relevante compreendermos que todo esse processo motiva a PcD e a alça a um patamar de igualdade com os demais sujeitos. Para tanto, as instituições devem garantir incansavelmente o direito ao trabalho também para PcD intelectual, e não apenas física.

É perceptível que a empregabilidade é maior entre pessoas com deficiências físicas e auditivas. Isso comprova que, realmente, diagnósticos de deficiência intelectual e/ou cerebral dificultam ou impedem a contratação, pois a noção de que esses sujeitos são parcial ou totalmente incapacitados de exercer atividades laborais está enraizada e é fortalecida por tal exclusão.

Essa desqualificação da pessoa com deficiência intelectual ou com deficiências severas remete ao movimento de integração, e não de inclusão em seus diferentes cenários, ou seja, a PcD é colocada socialmente, porém, não em sua totalidade no ambiente de trabalho, havendo discriminação quanto às suas qualidades e capacidades. Para que haja, de verdade, uma transição entre esses pensamentos errôneos de integração e a ação inclusiva, deverá ocorrer, como apontamos antes, uma mudança paradigmática na sociedade contemporânea.

O EA está alicerçado na LBI (Lei n. 13.146/2015), sobretudo no capítulo VI, que inclui o direito ao trabalho. Nesse embasamento legal, precisamente no art. 34, é delimitado o direito de escolha pela condição de trabalho formal. Quer dizer, a PcD tem direito à livre escolha e aceitação da ação de trabalhar, bem como que essa ação ocorra em "ambiente acessível e inclusivo, em igualdade de oportunidades com as demais pessoas" (Brasil, 2015). Cabe ressaltar que outras esferas são responsáveis pela fiscalização e pela promoção desse direito, como as pessoas jurídicas de direito público, privado ou de qualquer natureza.

Considerando a LBI e a Lei de Cotas no que se refere à inclusão social da PcD no ambiente formal de trabalho, é basilar compreender que tal indivíduo, reiterando aqui o que explanamos antes, apenas apresenta uma condição humana, e não uma incapacidade. Nessa perspectiva, o art. 37 da LBI diz:

> Art. 37. Constitui modo de inclusão da pessoa com deficiência no trabalho a colocação competitiva, em igualdade de oportunidades com as demais pessoas, nos termos da legislação trabalhista e previdenciária, na qual devem ser atendidas as

regras de acessibilidade, o fornecimento de recursos de tecnologia assistiva e a adaptação razoável no ambiente de trabalho.

(Brasil, 2015)

Perante as garantias legais e as particularidades da PcD e o mercado de trabalho, o EA torna-se essencial não por lacunas ou invalidade da legislação, mas pela necessidade social das PcD de se colocar em condição de igualdade no mercado profissional, eliminando assim, a barreira do preconceito e da discriminação. Portanto, a oferta de uma metodologia que apoie o sujeito com deficiência facilita o processo de inclusão, bem como sua permanência e seu posterior sucesso profissional. O EA contribui para ressaltar e fixar os preceitos de uma sociedade inclusiva, promovendo a adaptação não somente à PcD, mas à sociedade global.

No Brasil, o EA é instituído como prática metodológica por algumas instituições, todavia ainda são necessários alguns avanços para que sejam melhoradas a prática e a preparação das PcD, inclusive para cargos específicos, e sua inserção no mercado de trabalho. Do mesmo modo, é preciso que sejam empreendidas análises do perfil da PcD – suas limitações e potencialidades, sua formação, suas perspectivas e seus progressos na profissionalização – a fim de que suas atividades e seu cotidiano sejam ajustados/personalizados.

Isso posto, o EA pode ser ampla e contraditoriamente confundido com ações de assistencialismo, e não como um serviço de apoio. A diferença entre essas atuações se dá, inicialmente, pela relação entre o rendimento apresentado pelo contratado e a satisfação do empregador. Em outras palavras, havendo, primeiro, apoio e recursos que estabeleçam a condição de igualdade ante os colegas, a PcD deve apresentar rendimento satisfatório com o intuito de preservar e manter sua respectiva contratação.

Para exemplificar as especificidades já citadas e embasadas na LBI, estão dispostos na Figura 4.2 os princípios que norteiam o EA.

**Figura 4.2** – Princípios norteadores do emprego apoiado

### A presunção da empregabilidade

Todas as pessoas são capazes e têm direito ao trabalho.

### Poder dos apoios

Devem favorecer os usuários do EA, para que atinjam seus objetivos, os quais são determinados por eles com ajuda da família e dos profissionais.

### Foco na capacidade e nas habilidades

A ação deve estar focada nos pontos fortes, nas competências e nos interesses dos usuários, e não em suas limitações.

### Emprego/trabalho formal e competitivo

Colocações inseridas no mercado formal e competitivo de trabalho.

*(continua)*

*(Figura 4.2 – conclusão)*

| Salários, condições de trabalho e benefícios adequados |
| :--- |
| Os usuários de EA que encontram emprego por meio dessa metodologia devem receber os mesmos salários e benefícios que os demais trabalhadores. |

| Importância da comunidade |
| :--- |
| Transitar por diferentes espaços sociais é também uma forma de aprender a reivindicar seus direitos, como recursos de acessibilidade arquitetônica, de transporte, digital, de comunicação e atitudinais. |

| Autonomia e independência |
| :--- |
| Na metodologia do EA, a pessoa atendida é quem faz suas escolhas, ajuda a controlar e a definir todo o trabalho. O técnico do EA é um facilitador. |

| Importância da comunidade |
| :--- |
| O EA deve orientar as pessoas com deficiência a fim de garantir a acessibilidade arquitetônica, de transporte, digital, comunicação e atitudinal em todo o processo de colocação profissional. |

Fonte: Elaborado com base em ITS, 2016.

Acredita-se, apesar da necessidade de progressos do programa, que a sociedade e seus avanços e adaptações diante da inclusão promoverão ações mais intensas e constantes na disponibilidade do EA como recurso para a PcD.

## 4.5 Espaços públicos e acessibilidade

Ao pensarmos na etimologia da palavra *acessibilidade*, encontramos significados variados. Contudo, o significado que se assemelha ao usado nesta obra é o de qualidade ou caráter do que é acessível (Acessibilidade, 2020). Nesse mesmo sentido, para a NBR 9050, trata-se de "possibilidade e condição de alcance para utilização, com segurança e autonomia, de edificações, espaços, mobiliários e equipamentos urbanos" (ABNT, 2015), além dos transportes e das comunicações.

Isso posto, obrigatoriamente, colocamos o homem como principal sujeito capaz de difundir e impulsionar condições para que a acessibilidade de todas as pessoas, com ou sem deficiência, seja garantida. Desse modo, as cidades têm a incumbência de repensar, arquitetar e estruturar as regiões, permitindo a articulação do sujeito com o ambiente, conforme apresenta Vaz (2002, p. 45):

> As ruas, praças, edifícios públicos e sistemas de transporte geralmente não consideram as necessidades especiais de milhões de cidadãos. [...] As consequências dessa situação, que muitas vezes sequer é percebida pelos dirigentes municipais, não se resumem à impossibilidade das pessoas portadoras de deficiência exercerem seus direitos de locomoção, lazer, educação e às atenções especiais para a saúde exigidas por sua condição. Com isso, muitas PPD [pessoas portadoras de deficiência] apesar de suas capacidades, não podem trabalhar. As dificuldades causadas pela falta de acessibilidade estendem-se também àqueles que, por precisarem assistir as PPD de sua família, não podem ocupar posições no mercado de trabalho.

Essa situação recai na relação preestabelecida entre a sociedade e a PcD, envolvendo valores da vivência coletiva, como a cooperação e as interações. Com base nisso, incluímos o direito inerente ao ser humano de ir e vir, de se locomover, de transitar entre os locais e ambientes públicos, exercendo a sua cidadania pelas relações construídas e reconstruídas socialmente e pela igualdade de direitos e oportunidades.

Com o processo de inclusão da PcD, algumas situações vieram à tona – e, de fato, a questão estrutural, quanto à acessibilidade, é uma delas. Ao observarmos os municípios brasileiros, principalmente os grandes centros urbanos, deparamo-nos, sem dúvida, com recursos digitais de última tecnologia, bem como comércios de inúmeras variedades, grandes *shoppings* e uma diversidade significativa de possibilidades de lazer. Mas será que todos esses recursos/espaços estão disponíveis a todos os cidadãos? Ainda analisando esse cenário, certamente observaremos inúmeras escadas e pouquíssimas rampas, poucas vagas de estacionamento ou vagas ocupadas em grande parte por motoristas sem deficiência e, ainda, escassos elevadores para acesso a todos os pisos dos *shoppings* e de outros locais.

A acessibilidade e os recursos disponíveis estão relacionados diretamente com o poder aquisitivo e econômico dos sujeitos. Constatamos, assim, que bairros territorialmente ocupados por um estrato financeiro elevado, provavelmente, apresentam calçadas regulares, rampas nas esquinas e placas bem localizadas, evitando a obstrução das vias de acesso. Já em bairros de condição econômica inferior ocorre exatamente o oposto: faltam vias de acesso, rampas e calçadas, ou seja, não há condições básicas para a locomoção da PcD.

A situação citada remete ao constrangimento e à dificuldade que muitas PcD enfrentam no dia a dia, como ao usar o transporte público, quando, em muitos casos, precisam do auxílio de terceiros. Assim, essas circunstâncias dificultam que a inclusão social aconteça em sua totalidade, afastando-nos de uma sociedade e de uma cidade sem barreiras. Nesse sentido, as adaptações arquitetônicas e urbanas que visam à acessibilidade estão além do direito de ir e vir, pois integram a autonomia e o sentimento de pertencimento àquela comunidade. Para haver inclusão, a acessibilidade deverá estar presente do mesmo modo em todos os lugares. Assim, para compreender que a acessibilidade está vinculada diretamente à igualdade para a PcD, é preciso analisar dois pontos fundamentais: primeiramente, o direito inerente ao cidadão de movimentar-se no tempo e no espaço, ou seja, seu direito de ir e vir em suas experiências e em diversos ambientes; segundo, a obrigatoriedade de os locais públicos estarem à disposição de todos os indivíduos, independentemente da condição socioeconômica ou biopsicossocial deles.

Pensando na questão pública e nos meios arquitetônicos urbanos, voltamos nosso olhar à necessidade de alteridade e de conscientização política, educacional e social, tanto de governantes quanto dos cidadãos, sobre as condições dos comércios, das ruas, a disponibilidade de rampas de acesso e elevadores, o acesso ao transporte coletivo e às instituições educacionais.

Nesse viés, a falta de acessibilidade nas cidades – que impossibilita, por conseguinte, a inclusão social – não deve ser vista como um problema de orientação ou adaptação dos cidadãos, sobretudo das PcD, mas sim como ineficiência e ausência de planejamento na construção daquelas, dos pontos turísticos, dos locais de atendimento ao público, como prefeituras e secretarias, além de praças e espaços de lazer. Para compreendermos melhor como a ausência da acessibilidade tolhe a PcD, a Figura 4.3 ilustra bem esse cenário aqui apresentado.

**Figura 4.3** – Falta de acessibilidade nas calçadas

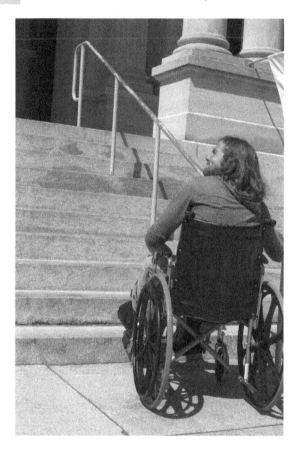

Algumas ações já amenizaram os efeitos da problemática da acessibilidade e da mobilidade das pessoas com dificuldade/limitação de locomoção e daquelas com deficiências mais acentuadas. Dentre essas ações, podemos citar o Programa

Brasil Acessível (apresentado brevemente adiante), oriundo do Decreto n. 5.296, de 2 de dezembro de 2004 (Brasil, 2004), que visou a regulamentação da Lei n. 10.098, de 19 de dezembro de 2000 (Brasil, 2000), e a promoção da acessibilidade nos espaços públicos das cidades.

> O Ministério das Cidades tem como desafio desenvolver, através da Secretaria Nacional de Transporte e da Mobilidade Urbana, a Mobilidade Urbana Sustentável, que é o resultado de um conjunto de políticas de transporte e circulação que visam proporcionar o acesso amplo e democrático ao espaço urbano. Abordagem que tem como centro das atenções o deslocamento das pessoas e não dos veículos. A existência de barreiras físicas de acessibilidade ao espaço urbano acaba por impedir o deslocamento de pessoas com deficiência e outras que possuem dificuldades de locomoção. Um dos desafios colocados para todos os municípios brasileiros é a inclusão dessa parcela considerável da população na vida nas cidades. A acessibilidade deve ser vista como parte de uma política de mobilidade urbana que promova a inclusão social, a equiparação de oportunidades e o exercício da cidadania das pessoas com deficiência e idosos, com o respeito de seus direitos fundamentais. Este projeto de resgate da cidadania não pode ser feito com o trabalho de setores isolados e com certeza será atingido através de esforços combinados das três esferas de governo, com a participação social norteados por uma visão de sociedade mais justa e igualitária. Trata-se de fomentar um amplo processo de humanização a partir do respeito às necessidades de todas as pessoas para usufruírem a cidade. (Brasil, 2019b)

O Programa Brasil Acessível está dividido em 6 cadernos, conforme você pode conferir na sequência.

### Caderno 1 – Atendimento adequado às pessoas com deficiência e restrição de mobilidade

Destinado aos gestores e operadores públicos ou privados dos sistemas de transporte coletivo. Conceitua as deficiências e traz orientações sobre o atendimento adequado. É instrumento de capacitação de condutores do transporte coletivo e escolar, cobradores, taxistas e todas as pessoas envolvidas no atendimento ao público.

### Caderno 2 – Construindo a cidade acessível

Destinado aos profissionais da área de elaboração de projetos urbanísticos, mobiliário urbano e implementação de projetos e obras nos espaços públicos, bem como nos edifícios de uso coletivos, públicos ou privados. Enfoque nas áreas públicas de circulação e às necessidades dos pedestres com ênfase nas pessoas com deficiência e idosos. Apresenta, através de exemplos, como não construir novas barreiras nos espaços urbanos e sugestões de projetos e intervenções corretas, em conformidade ao decreto 5.296/04 e à Norma NBR 9050:2004.

### Caderno 3 – Implementação do decreto nº 5.296/04

Traz orientações para implementação do Decreto nº 5.296/2004, que regulamenta as Leis nº 10.048/00 e a de nº 10.098/00, que estabelecem normas gerais e critérios básicos para a promoção da acessibilidade das pessoas com deficiência ou com mobilidade reduzida. Enfoque na mobilidade urbana, construção dos espaços e nos edifícios de uso público e legislação urbanística.

**Caderno 4 – Implantação de políticas municipais de acessibilidade**

Orienta a elaboração de uma Política Municipal de acessibilidade de forma permanente. Traz informações para a implementação de um órgão ou uma coordenação municipal para o desenvolvimento de normas, instrumentos e ações integradas do poder público e também com a iniciativa privada para o atendimento às pessoas com deficiência. Apresenta procedimentos para a implantação e a fiscalização de projetos, obras e soluções para o acesso e o atendimento das pessoas com deficiência, idosos ou pessoas com mobilidade reduzida.

**Caderno 5 – Implantação de sistemas de transporte acessíveis**

Voltado aos gestores municipais, com orientação de programas e obras visando à implantação de Sistemas de Transporte Acessível, incluindo a infraestrutura urbana, combinação de todos os modos de transporte coletivo, os respectivos equipamentos de apoio ao usuário, em especial as pessoas com deficiência ou com mobilidade reduzida, bem como os procedimentos operacionais adequados.

**Caderno 6 – Boas práticas**

Voltado aos gestores municipais, tem como objetivo o registro de práticas inovadoras ou consagradas já em desenvolvimento nas administrações municipais, visando à construção de uma cidade.

Fonte: Caixa, 2019, grifo nosso.

É possível notar que os cadernos do Programa Brasil Acessível contemplam todas as esferas sociais. É perceptível ainda que políticas públicas voltadas para a promoção da acessibilidade nos centros urbanos potencializam a busca de acessibilidade nos locais públicos pela sociedade, construindo, assim, uma parceria sólida entre as duas esferas.

## Síntese

Este capítulo analisou as particularidades das Leis n. 8.213/1991 e n. 13.146/2015, do final do século XX e início do século XXI, que apresentam propostas/ações significativas para a inclusão social e profissional da PcD. Outras questões foram atreladas a tais legislações por entendermos que, por exemplo, saúde, interação, escolarização e profissionalização estão enraizadas na construção da inclusão social.

Posteriormente, abordamos a problemática da acessibilidade, levando à construção de percepções ímpares sobre o tema e à compreensão do quão importante é termos cidades acessíveis, garantindo, com isso, o direito à autonomia de todas as PcD.

Naturalmente, como vimos, o processo de produção de uma cidade acessível está relacionado à capacidade de a sociedade interagir com a diversidade, sobretudo com as PcD, o que evoca novamente a temática central desta obra: a tríade escola, família e sociedade. Desse modo, o capítulo proporcionou reflexões relevantes e até mesmo permitiu que relacionássemos nossas experiências subjetivas aos temas abordados.

# Indicação cultural

UMA LIÇÃO de amor. Direção: Jessie Nelson. EUA: Playarte Pictures, 2002. 127 min.

Para complementar o capítulo, o filme *Uma lição de amor* apresenta um pai com deficiência e sua filha envolvendo-se em relações sociais e trabalhistas e enfrentando situações as quais remetem às especificidades das legislações aqui estudadas.

# Atividades de autoavaliação

1. A Lei de Cotas, Lei n. 8.213/1991, trouxe, como mostramos neste capítulo, alguns avanços significativos para a pessoa com deficiência. Analise as alternativas a seguir e assinale aquela que indica a função principal dessa lei:

   a) Segregação profissional.
   b) Inclusão profissional no mercado formal.
   c) Integração profissional no mercado informal.
   d) Exclusão profissional no mercado formal.
   e) Ausência de técnica profissional.

2. A Lei n. 13.146/2015, também conhecida como *Lei Brasileira de Inclusão*, trouxe avanços e garantias de direitos para as pessoas com deficiência física, mental, intelectual ou sensorial, tanto no processo social de igualdade quanto nos processos educacional e profissional. No art. 28 dessa lei, é assegurado à pessoa com deficiência, em relação ao seu processo de escolarização, um sistema educacional inclusivo:

a) apenas na educação infantil e anos iniciais do ensino fundamental.

b) voltado para a pós-graduação.

c) em todos os níveis e modalidades, bem como no aprendizado ao longo da vida.

d) nas etapas básicas da educação formal brasileira, sobretudo na primeira infância.

e) na educação técnica de ensino médio.

3. A metodologia do emprego apoiado (EA) está relacionada diretamente à profissionalização da pessoa com deficiência. A respeito do EA, é correto afirmar:

a) Garante a colocação e a recolocação da pessoa com deficiência no mercado formal de trabalho.

b) Garante direitos à pessoa com deficiência no mercado informal de trabalho.

c) Firma a ausência de recolocação da pessoa com deficiência no mercado formal de trabalho.

d) Recoloca a pessoa com deficiência na sociedade e não permite sua exclusão do mercado formal de trabalho.

e) Exclui a pessoa com deficiência da política formal de trabalho, enaltecendo o trabalho informal.

4. A Lei Brasileira de Inclusão (LBI) abrange diversos aspectos que compreendem o desenvolvimento e a vivência da pessoa com deficiência. Sobre os princípios dessa lei, assinale a alternativa que contempla três deles:

a) Autonomia, segregação social e trabalho informal.

b) Acessibilidade, emprego informal e dependência financeira.

c) Autonomia, emprego informal e importância da comunidade.

d) Autonomia, acessibilidade e emprego formal.

e) Emprego formal, inacessibilidade e dependência financeira.

5. A acessibilidade é uma das temáticas que permeou este capítulo. Devido a ela, é possível que o público-alvo da educação especial e inclusiva (PAEE) transite entre os locais públicos e, com isso, garanta seu direito de igualdade, como os demais membros da sociedade. Com base nessa afirmativa, é correto afirmar que a acessibilidade auxilia:

a) na autonomia e na independência.

b) na obrigatoriedade de trabalhar formalmente.

c) na ausência de cooperação.

d) na desigualdade social.

e) na dependência familiar.

# Atividades de aprendizagem

## Questões para reflexão

1. Analise o seguinte fragmento de texto retirado da Lei Brasileira de Inclusão:

"Art. 37. Constitui modo de inclusão da pessoa com deficiência no trabalho a colocação competitiva, em igualdade de oportunidades com as demais pessoas, nos termos da legislação trabalhista e previdenciária, na qual devem ser atendidas as regras de acessibilidade, o fornecimento de recursos de tecnologia assistiva e a adaptação razoável no ambiente de trabalho". (Brasil, 2015)

Com base nisso, perceba que a tecnologia assistiva empregada na escola e no dia a dia da pessoa com deficiência, tencionando promover sua autonomia, também está presente no mercado formal de trabalho, assim como os elementos/as estruturas para a acessibilidade. Tais direitos buscam diminuir a desigualdade social, incluindo as oportunidades de trabalho, em comparativo às pessoas sem deficiência. Após essa reflexão, transcreva aqui os principais apontamentos abordados ao longo do capítulo e que estão atrelados a essa temática.

2. Para compreender melhor a adaptação da pessoa com deficiência no mercado de trabalho, produza um infográfico com um levantamento histórico sobre essa temática. Na sequência, analise e acrescente ao texto os principais progressos ocorridos e os novos desafios a serem superados.

## Atividade aplicada: prática

1. Visite e investigue (considerando aspectos como acessibilidade, relações interpessoais, dinâmica da função da PcD etc.) o funcionamento do setor de um espaço industrial que conte com profissionais com deficiência. Após isso, elabore um pré-roteiro com perguntas e realize uma entrevista com o gestor desse setor, no intuito de compreender a dinâmica do trabalho dos profissionais com deficiência no referido local.

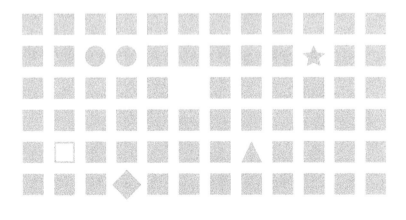

Capítulo 5
# Estudo de caso: "Amor e superação"

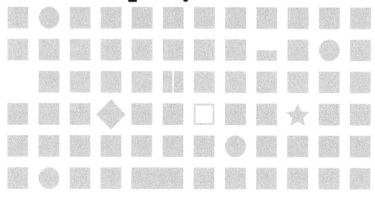

Esta obra presenteia você, leitor, com um estudo de caso[1], essencial para a compreensão e o aprofundamento das temáticas abordadas até o momento. Apresentaremos dois depoimentos extremamente significativos para, com base neles, construirmos interpretações distintas no que tange à vida de uma pessoa com deficiência (doravante PcD), incluindo o direito de escolha e a relação fundamental entre a família, a escola e a sociedade.

Certamente, o caso aqui relatado vai de encontro à visão intrínseca à sociedade sobre a relação entre a PcD e sua suposta herança frustrada e limitada, bem como ao seu sentimento global de infelicidade e dependência econômica. Com base na realidade aqui apresentada, entenderemos a relevância de diversos pontos abordados ao longo dos quatro capítulos desta obra, entre eles a rede de apoio, a Lei de Cotas para inserção da PcD no mercado de trabalho, a oferta da tecnologia assistiva, o apoio fundamental para a interação entre os pares e o sentir-se parte integrante e importante de uma sociedade, situações que, certamente, estão enraizadas no ambiente familiar e escolar.

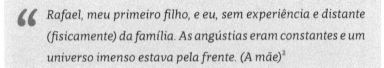

> *Rafael, meu primeiro filho, e eu, sem experiência e distante (fisicamente) da família. As angústias eram constantes e um universo imenso estava pela frente. (A mãe)[2]*

---

1 Segundo Yin (2005), o estudo de caso é uma investigação empírica que permite estudar um fenômeno contemporâneo em seu contexto da vida real.

2 No decorrer deste capítulo, traremos diversas falas dos sujeitos envolvidos no caso analisado/relatado. Por essa razão, as referências das citações não serão introduzidas pelo sistema autor-data, mas identificadas como "A mãe", "Rafael" etc.

## 5.1 Amor e superação

Era início da década de 1980, na Região Sudeste, precisamente no município de São José dos Campos, no Estado de São Paulo. De antemão, é importante frisar que nessa época não ocorriam no Brasil esforços significativos quanto a demandas da PcD e de sua família, inclusive quando nos referimos à sociedade e ao acolhimento para o processo de inclusão, sobretudo escolar.

"Era tudo muito novo" é uma frase dita por muitas pessoas, mas não se trata aqui de ser novo ou desconhecido, afinal, crianças nascem com problemas desde sempre. O que importa, na abordagem que faremos neste ponto, é entrar no tempo e nas situações narradas, no coração e nas possibilidades que, nesse período, eram concebidas como "novas".

Assim, tudo (as vivências no geral) era ainda recebido e percebido como desconhecido. Essa mesma percepção do novo e a insegurança do inesperado permearam a vida de uma mãe no sexto mês de gestação, em razão do parto prematuro de seu primeiro filho.

Contrariando as perspectivas médicas quanto ao risco, Lucília, casada, não tinha idade avançada e nenhum problema de saúde. A gestação, até aquele momento, estava tranquila e não havia diagnóstico de perigo em seu pré-natal. Mãe e filho estavam bem e saudáveis.

Inesperadamente, a gestação foi interrompida por um descolamento de placenta e uma hemorragia, ocasionando, após 20 dias de internação e repouso absoluto, o parto prematuro. Veio ao mundo Rafael Bonfim! O bebê pesava 1,480 kg e media

38 cm. Nasceu com anóxia[3] neonatal e não chorou de imediato, sendo levado à incubadora. Os pais somente puderam vê-lo 24 horas após seu nascimento, porém ele apresentava um quadro ativo de paradas respiratórias, sobre o qual nada foi dito à família.

> *Eu só vi de relance o corpinho dele arroxeadinho. Não entendi o que estava acontecendo. Achei que aquilo poderia ser uma característica de prematuro. Nunca tinha visto um bebê assim, tampouco tinha tido um filho antes. Ninguém nos disse nada. Depois, já no quarto, sozinhos e sem entender direito o que tinha ocorrido, um médico nos disse que deveríamos aguardar, que o bebê deveria superar as primeiras 24 horas, e depois poderíamos vê-lo. Isso para a gente foi um impacto muito grande, uma coisa muito séria: "Como assim não vou ver? Como assim não vou pegar no colo?". Me angustiei muito, mas nada disse. Pensei comigo: "Não é nada, afinal, serão só 24 horas e ele virá para o meu colo!". Foi um dia diferente, um nascimento, mas não tínhamos noção da gravidade. Foi quando o médico apareceu e nos disse que poderíamos ir vê-lo. Quando eles abriram a cortina e vi o Rafael dentro da incubadora, tive uma sensação de sublimação, como se eu tivesse ido para uma nuvem, algo fora do tempo. Era muito pequeno, eu nunca tinha visto uma criança daquele tamanho. Ficamos ali, olhando, sem falar uma palavra. Quando eu estive perto dele, fiz uma oração. (A mãe)*

---

[3] Significa "a diminuição ou insuficiência de oxigenação do sangue para suprir as exigências metabólicas de um organismo humano vivo, especialmente no cérebro. [...] pode causar uma série de anomalias" (Anoxia..., 2000).

A partir do nascimento e da transferência do bebê para outro hospital, mais equipado e com um corpo de enfermagem mais preparado, diversas situações aconteceram. Os três primeiros meses de Rafael foram vividos em um quarto desse hospital, com um quadro clínico extremamente complexo, incluindo dezenas de apneias[4] diárias e crises convulsivas que fugiam do entendimento dos pais e dos médicos, que se mostravam também bastante inseguros. Nesse contexto, o atendimento medicinal humanizado não existia, o que tornava o momento muito doloroso e impessoal. O dia em que Rafael teve três crises convulsivas foi marcante, e sobre isso sua mãe relata:

> *Foi a primeira vez que estive com um neurologista e numa situação bastante dolorosa. Logo após o exame do líquido da espinha, o encontramos em um corredor do hospital. Perguntei, muito insegura e sem nem saber ao certo o que dizer, se ele tinha alguma orientação. Ele disse: "Estou indo lá no laboratório e, conforme for o resultado, vou mandar não reanimar mais". Eu falei: "Eu sou a mãe do menino!". Prontamente ele respondeu: "Eu sei! Você quer ser mãe de um vegetal?". O chão sumiu sob meus pés e uma sensação de vazio tomou conta de nós dois. O Walace só segurava muito forte a minha mão...*

O resultado deu negativo e um grande alívio pairou no ar e no coração de todos os que cuidavam de Rafael, principalmente

---

4    Conforme Ruiz (2020, grifo do original), "**consiste na interrupção, durante o sono, do fluxo de ar que penetra nos pulmões**. Essa interrupção pode durar mais de dez segundos e é acompanhada de profundos esforços respiratórios".

dos pais. Momentos angustiantes foram vividos e tentativas com remédios para que ele ficasse estável foram fundamentais. Nesse período, os pais receberam o diagnóstico de Rafael: diplegia espástica moderada[5]. O garotinho ganhava peso normalmente e teve alta um pouco antes de completar o terceiro mês de vida, no dia 24 de outubro.

Quando Rafael foi ao pediatra pela primeira vez, o médico recomendou que fosse levado ao neurologista para acompanhar seu desenvolvimento. Porém, a mãe não entendeu essa situação, pois, aos seus olhos, nada havia de errado com seu bebê, ele era extremamente saudável. Nesse período, a mãe recebia muitas informações, entretanto tudo era muito novo e, para ela, sem sentido: "Foi uma fase de muitos testes, muitas falas, muitas coisas... e eu, surda! Tive uma fase de surdez seletiva absurda". Em meio às orientações, teve início o tratamento fisioterápico, mesmo sem a mãe compreender a necessidade dos exercícios. Com o intuito de buscar alento para o coração, a reza era sua primeira força e companhia.

---

**5** Para saber mais, veja Moura (2019).

**Figura 5.1** – Rafael com seis meses (fevereiro de 1983)

Com os acontecimentos profissionais ocorridos na vida do pai, a família mudou-se para Brasília, em julho de 1983. Nessa fase, a mãe, mais centrada e consciente da falta de movimentação corporal de seu filho em comparação com os bebês que conhecia, procurou "fortalecer-se" com o auxílio de profissionais de fisioterapia e psicomotricidade. Em um curto espaço de tempo, descobriu os locais que poderiam auxiliar no desenvolvimento do filho, como o Centro de Reabilitação

Sarah Kubitschek (Rede Sarah[6]). Assim, tratamentos foram buscados em um ato intuitivo da mãe, e não fundamentados em conhecimento. Diz ela: "Até então, minha surdez seletiva começava a diminuir, pois percebi que o tempo ia passando, o Rafa ia crescendo e as coisas acontecendo".

**Figura 5.2** – Os pais no batizado do Rafael (janeiro de 1983)

Arquivo pessoal da família

6 "Com o objetivo de dotar Brasília de um moderno centro de reabilitação, a Fundação das Pioneiras Sociais implanta, na nova capital, um centro de reabilitação, inaugurado, em 21 de abril de 1960, pelo Presidente Juscelino Kubitschek" (Rede Sarah, 2020c). Ainda de acordo com o *site* da Rede Sarah (2020b): "Em Brasília, existem duas unidades da Rede SARAH que atendem adultos e crianças, em diferentes etapas de tratamento. O SARAH Brasília caracteriza-se por atendimento predominantemente hospitalar. O Centro Internacional de Neurociências e Reabilitação, o SARAH Lago Norte, com atendimento exclusivamente ambulatorial, atua em uma etapa mais avançada do processo de reabilitação do paciente". Para saber mais, visite: <http://www.sarah.br>. Acesso em: 28 fev. 2020.

Após esse período, Rafael já estava perto de seu primeiro ano de vida e a preocupação da família era com o tempo e, naturalmente, com o futuro do filho, principalmente com a fase adulta do menino: "Qual perfil de adulto teria ele? Eu conhecia o meu filho no meu colo, sob meus cuidados, guarda e proteção, mas como ele seria quando homem?", relata a mãe. Esse foi um dos principais questionamentos que os pais fizeram naquele momento. Nesse período, em Brasília, o amadurecimento gradualmente aconteceu, tanto pela rede de apoio de terapeutas como pela proximidade com outras crianças com deficiência. A mãe constantemente esteve no Sarah e entrou em contato com outras tantas famílias com filhos com deficiência.

**Figura 5.3** – Aniversário de 2 anos na casa da avó paterna (agosto de 1984)

Arquivo pessoal da família

Na época, o centro de reabilitação do Sarah realizava o atendimento à criança e à família por meio de uma equipe de profissionais, como fisioterapeutas, neurologistas, fonoaudiólogos, terapeutas ocupacionais, entre outros, que, após avaliarem cada criança, apresentavam um plano de trabalho individual conforme as limitações e as deficiências dela. Além disso, os tratamentos eram iniciados junto com a família, pois, nessa forma de atendimento, a participação dos pais era fundamental, uma vez que as atividades aconteciam no ambiente familiar, como era o caso da fisioterapia.

Quinzenalmente, a família retornava ao Sarah e a equipe de apoio analisava os avanços ocorridos nesse espaço de tempo. Se houvesse necessidade, ocorriam alterações. Esse processo entusiasmou a família de Rafael, que, treinada a realizar os exercícios, começava a compreendê-lo e a melhorar a fisioterapia, antes tida como uma espécie de "brincadeira". "Eu era absurdamente cega, surda e muda. Eu fazia em casa os exercícios e não entendia o porquê. Mais brincava com o Rafa do que fazia, de fato, a fisioterapia com ele... Literalmente, não entendia tudo aquilo", diz a mãe. Quanto a esse processo, que foi progredindo ao longo do tempo, a mãe explica:

> *Eu acho que, em todo o processo de amadurecimento, todo mundo passa por isso, e acho que tem que ser assim mesmo. A gente não nasce pronto, a gente não tem manual de instrução nem para nós nem para os filhos e muito menos em relação a uma situação como essa. Creio que todo mundo passa por essa fase de crescimento e amadurecimento em torno do que tem diante dos olhos e no coração.*

Esse período do tratamento no Sarah provocou muitas angústias na mãe, pois, convivendo com uma diversidade imensa de crianças de faixas etárias e com deficiências distintas, às vezes era inevitável comparar o próprio filho com os dos outros. Essas comparações causavam insegurança em relação ao desenvolvimento de Rafael. A mãe buscou, então, alternativas em uma clínica particular de psicomotricidade, o que, segundo ela, foi excelente. Com o passar do tempo e das sessões, que eram realizadas quatro vezes por semana, além de exercícios bastante lúdicos, o desenvolvimento foi enfim acontecendo.

Concomitantemente, a mãe quis se libertar da "surdez" seletiva; foi então que passou a receber atendimento terapêutico em um grupo de mães que, como ela, tinham filhos com deficiência.

*Ali a gente não tratava dos filhos, a gente tratava da gente. A gente dividia, a gente compartilhava anseios, dúvidas, choro, alegrias, tudo. Foi uma fase extremamente importante para mim, pois esse grupo me fortaleceu muito e em muitas coisas, em maturidade e até comigo mesma, a lidar com meus limites e minha aceitação em relação ao Rafa. (A mãe)*

Com o grupo de apoio, os sentimentos foram se modificando e se moldando ao universo que envolvia o Rafael e o contexto da família. Foi então que, com o filho perto dos 2 anos de idade e depois do processo de aceitação em relação a ele, ela percebeu que havia, na relação mãe e filho, um amor imenso, contudo engessado.

A mãe, desse modo, não conseguia avançar, se soltar e se expandir para viver e demonstrar esse afeto. Seu olhar sobre o filho não era aquele que gostaria de ter, o que, naturalmente, a angustiava, justamente porque isso poderia caracterizar uma rejeição, o que não ocorria; ou ausência de amor, o que nem passava em seu coração. Ao contrário, Rafael era o amor que ela amava infinitamente.

O que ela não queria era ter de olhar, ter de entender, ter de mensurar, ter de medir possibilidades quanto a Rafael, mas, sim, só amar e cuidar dele espontaneamente, como qualquer outra mãe faz com seu filho. Com o passar do tempo, a aceitação desse olhar se solidificou e a fez sentir que, percebendo-o dessa forma, também o amava e cuidava dele. Essa era a maneira que ele precisava ser tratado e seria assim que ele poderia se desenvolver. Foi com isso também que ela concluiu que "ser" mãe do Rafael envolvia muito mais do que atitudes padronizadas e cronometradas beirando a perfeição.

> *Eu não conseguia ser feliz com ele. Eu achava que eu era, mas, internamente, eu não era feliz com ele. Não que eu desejasse que ele fosse de outro jeito, mas eu não conseguia entender aquele universo. Quando me dei conta de que tanto fazia eu entender ou não, que eu gostava dele daquele jeito, que me divertia com o Rafael, esse momento foi como se eu tivesse rompido um laço, quebrado um vidro. Tive um impacto quando eu comecei a lidar com esse tipo de situação, lidar comigo mesma, foi como se eu me desvencilhasse de alguns comportamentos de mãe perfeita. (A mãe)*

Nesse cenário de Brasília, período em que a família permaneceu até o filho completar 4 anos de vida, gradativamente o interesse em conhecer o universo que envolvia a paralisia cerebral (diagnóstico que citamos no início deste estudo de caso) de Rafael foi despontando. A mãe buscou conhecimento, leituras, pesquisas, a fim de compreender, de fato, a realidade do filho, como a paralisia acontecia e quais eram as alternativas de tratamento para assegurar uma vida comum. Foi um momento de um misto de aprimoramento e entendimento com ansiedade e responsabilidade. Começar a entender esse universo foi fundamental, e a forma de olhar e interagir com o filho, por conseguinte, mudou.

**Figura 5.4** – O pai, a irmã, Lívia, e Rafael (maio de 1986)

Arquivo pessoal da família

Esse processo de conhecer também foi permeado por preocupações e incertezas. A primeira delas foi o desconhecimento do próprio termo, que, erroneamente, era associado à debilidade mental. Isso, para a família, queria dizer que Rafael seria uma criança sem interação, sem respostas, sem reflexos. Entretanto, essa não era a realidade que eles viam e sentiam. Antes das leituras e do entendimento, falar em *paralisia cerebral* era uma espécie de negação: "Não, meu filho não tem paralisia cerebral. Ele é uma criança que ri, que interage, que corresponde às coisas que acontecem. Ele tem percepção!".

Em uma das sessões no Sarah, no início de 1984, a mãe perguntou à terapeuta ocupacional por que ela dizia sempre "paralisia", e ela respondeu: "Porque ele tem". A mãe, sentindo-se perdida, disse: "Não, ele não tem". Em silêncio, a terapeuta escreveu algumas palavras na papeleta e saiu. Rapidamente a mãe leu: "Diagnóstico não aceito pela mãe". Para ela, o mundo parou ali, naquele lugar, naquele momento. Ao terminar a sessão, voltaram para casa e um longo choro lhe fez companhia por toda a noite, depois que o filho e marido já estavam dormindo.

Muitas conversas depois das leituras, muitas trocas de experiências e opiniões ocorreram até a mãe chegar ao entendimento de que o referido diagnóstico diz respeito a uma área do cérebro que não tem o correto funcionamento e que, por isso, precisa de estímulos, de exercícios, para que certas habilidades possam ser adquiridas.

> " *A partir do momento que a gente começa a aprender a lidar com isso, a gente vai evoluindo, tirando o medo e colocando ações proativas e otimistas. Não é um acontecimento de um dia para o outro, como uma varinha de condão ou a simplicidade de uma troca de roupa. Não! Isso demora muito tempo. (A mãe)*

Com a compreensão do já citado diagnóstico, a diplegia espástica moderada, as ações da família, em especial as da mãe, foram se transformando e os desafios começaram a ser superados com menor inquietude. Concomitantemente, Rafael progredia em seu desenvolvimento, dedicando bastante tempo a novas atividades de caráter lúdico, com a participação direta da mãe, e, por consequência, foi crescendo e descobrindo o mundo ao redor.

Com esse entendimento mais aprimorado, a mãe também passou a perceber quais atividades, de fato, o filho não conseguia realizar e, por meio de brincadeiras, promoveu muitas ações para que ele conseguisse fazer o que estava além do limite que a diplegia impunha. Por muito tempo, Rafael experienciou exercícios lúdicos dirigidos e brincadeiras livres, os quais interferiram positivamente na sua evolução, como é o caso do equilíbrio e da aquisição do movimento de pinça. A mãe propiciava tentativas, independentemente do tempo e do resultado, pois o importante para ele era tentar, e toda conquista do filho era recebida como uma vitória.

> " Fui mudando aos poucos de postura, a maneira de olhar e de compreender, porque eu já tinha uma vivência com ele, eu via, eu sentia o progresso do Rafael no tempo dele. Muitas vezes eu via muitas mães, muita gente, com pressa, pressa no desenvolvimento que outras crianças têm. Não dá para entrar nessa maratona. (A mãe)

Brasília ficou para trás, bem como a rede de apoio que lá foi encontrada. Nesse período, a família cresceu: o casal teve uma filha, Lívia. Uma gestação normal, sem sobressaltos, sem hemorragia, sem repouso. Lívia nasceu em seu tempo e em nada apresentou qualquer dificuldade motora. Rafael, por sua vez, estava com 4 anos e precisava de outros tratamentos além daqueles recebidos até então. Afinal, era uma preocupação da mãe que Rafael evoluísse ainda mais no sentido motor, principalmente na postura em pé, já que ela percebia a precariedade de movimentação e, também, a ausência de equilíbrio.

Já em Campinas, no interior de São Paulo, com atenção especializada, outras possibilidades de atendimento e recursos significativos foram surgindo, tanto nas terapias como nas cirurgias. Foi uma fase intensa de busca de uma rede de apoio que auxiliasse Rafael em diversos aspectos.

**Figura 5.5** – Os pais, a caçula, Lívia, e Rafael após uma de suas cirurgias (janeiro de 1989)

Arquivo pessoal da família

## 5.2 A fase escolar

A criança sem deficiência inicia a construção de seu processo de escolarização pela educação infantil, e isso, igualmente, ocorreu com Rafael, matriculado em uma pré-escola no município de Campinas. Era uma instituição pequena com atendimento mais próximo e frequentada por pessoas do círculo familiar das crianças, proporcionando, assim, melhor acolhimento tanto ao aluno quanto aos familiares.

Além das descobertas e do desenvolvimento obtidos por Rafael nesse local, é relevante ressaltarmos aqui a escolha, acordada entre família e escola, da retenção do garoto no período da escrita. O intuito era auxiliá-lo na aquisição desta, buscando, então, desenvolver ainda mais alguns movimentos da mão, inclusive o movimento de pinça, considerado fundamental para o processo de alfabetização e letramento. Escola e rede de apoio, sobretudo os encontros com a psicomotricista, voltaram-se, assim, para o objetivo maior da escrita, que foi atingido posteriormente. Todo esse cuidado permitiu que Rafael iniciasse o processo de alfabetização e letramento na condição de igualdade com as outras crianças da sala regular.

No início da década de 1990, a família buscou outra escola. De imediato receberam a resposta negativa, de que a instituição não poderia aceitar o Rafael como aluno. Relata a mãe:

> *Eu fui até a escola onde eu estudei em Campinas, com o doce sonho de que meu filho frequentasse a mesma escola que eu frequentei e foi negada a matrícula do Rafa. Eles me disseram, a orientadora, que eles não estavam preocupados e preparados para crianças diferentes e que a matrícula dele não poderia ser feita. Eu perdi o chão, perdi o norte, foi algo assustador.*

A partir de então, a família buscou outra escola e, nessa procura, amavelmente, outra instituição acolheu Rafael, já cadeirante, e a família. Lá, ele passou todo o ensino fundamental e o médio. As fases da infância e adolescência foram vivenciadas nessa escola, junto com a interação e a construção de amizades.

Nesse meio-tempo, por necessidade do trabalho do pai, a família precisou mudar-se para os Estados Unidos. Lá, ele foi matriculado em uma escola pública. Em virtude de se tratar de um país com grande desenvolvimento socioeconômico e educacional, a rede de tratamento ofertada a Rafael, por exemplo, era totalmente gratuita e acontecia dentro da própria escola. A acessibilidade era notória: rampas de acesso, portas largas, locais para ficar com a cadeira e outras situações, além do encaminhamento à rede de apoio. "Tudo era acessível!", relata a mãe. Rafael rapidamente se adaptou à escola e ao idioma. Permaneceram lá por um ano e dois meses e, depois, a família retornou ao Brasil e à escola anterior também.

Nessa instituição brasileira, Rafael concluiu, como dissemos, o ensino fundamental e médio. Muitas amizades foram feitas e a sensação, para ele e para a família, era de acolhimento, e não de discriminação. A escola era, de fato, uma escola inclusiva, caráter percebido devido à valorização de relacionamento interpessoal, respeito às limitações físicas, acessibilidade etc., ou seja, a instituição fez o possível para se adequar, gradativamente, às necessidades de Rafael como aluno público-alvo da educação especial e inclusiva (PAEE).

Foram longos anos e muitos fatos se deram tanto no aspecto cognitivo quanto social. Finalizando o ensino básico, Rafael entrou na faculdade de Jornalismo, em 2003, fase em que a família, no ano anterior, mudara-se para Curitiba, e outro processo se efetivou: a profissionalização, já na fase adulta.

**Figura 5.6** – Festa de aniversário temática para Rafael e seus amigos da adolescência (1997)

Arquivo pessoal da família

## 5.3 O olhar do Rafael

Nosso estudo de caso adentra, nesse ponto, uma nova perspectiva: o olhar do Rafael sobre ele mesmo, a sociedade e a família. Aqui, caminharemos por perspectivas positivas de uma vida que, desde o nascimento, precisou superar obstáculos gigantes. Do mesmo modo, vivenciaremos nas próximas linhas um relato positivo e amoroso, igualmente significativo e repleto de ensinamentos, focando não mais a deficiência de Rafael ou a rede de apoio, mas sim seu processo de inclusão social e profissionalização.

**Figura 5.7** – Os pais, Rafael e a irmã Lívia (2007)

Rafael é, atualmente, um homem de 36 anos que contraria o pensamento equivocado de uma porcentagem grande de cidadãos que acredita que a pessoa com deficiência, física ou intelectual, está fadada, necessariamente, ao fracasso e à dependência.

Seu processo de escolarização foi realizado, como vimos, integralmente em escola regular, sem a necessidade de frequentar uma escola de educação especial, como comumente acontecia no final da década de 1980 e início da década de 1990. Rafael é, certamente, um reforço positivo para a inclusão escolar. É exemplo de força, caráter, determinação, foco e alegria. E, de fato, os pais e a rede de apoio foram fundamentais, em especial o amor familiar e a esperança de que, sim, ele conseguiria. Conforme ele próprio relata:

> *Me chamo Rafael, fui prematuro de seis meses e tenho paralisia cerebral de um quadro congênito. Estudei o tempo todo em escola regular, estudei em quatro universidades diferentes, tenho quatro diplomas, morei e estudei no Texas, trabalhei em dez empresas e estudei quatro áreas de conhecimento diferentes. Já trabalhei com teatro e cinema, e já fui personagem de história em quadrinhos.*

Para que o progresso acontecesse gradativamente na vida de Rafael, o que, posteriormente, refletiria em seu desempenho escolar e profissional, sua família esteve sempre presente, como mencionado, trabalhando junto com a rede de apoio, com atendimentos multidisciplinares, além da acolhida social recebida pelos meios que frequentavam. Rafael conta: "O acompanhamento multidisciplinar constante, a partir dos primeiros meses de vida, era necessário justamente para meu desenvolvimento motor, o que me permitiria acompanhar os alunos sem deficiência".

Além dos acompanhamentos, algumas ações tomadas ao longo de sua infância foram cruciais para fomentar seu crescimento e sua autonomia, levando-o a compreender seus limites e os suportes de que precisava/precisaria. Uma dessas ações foi a dinâmica de dormir fora de casa, na casa de amigos ou de parentes, o que o forçava a fazer e a perceber como fazer (ações simples, como autonomia para se alimentar ou cuidar da própria higiene). Todo o processo que visa dar assistência, mas buscando o desenvolvimento e a autonomia, é essencial, inclusive o atendimento familiar.

> *Eu não conseguiria ter feito nada do que eu fiz sem a assistência. A assistência do núcleo familiar foi importante e tinha um foco definido. Os meus pais, até uma determinada altura, pensaram na possibilidade de reverter meu caso: "Se a gente trabalhar a fisioterapia ele vai andar, vai ter equilíbrio". Bem, acho que a partir de uma determinada altura isso ficou, absolutamente, secundário, inclusive para mim. (Rafael)*

Para Rafael, todo esse processo é fundamental, mas somente os recursos financeiros e governamentais, incluindo a rede de apoio, não podem ser responsabilizados pelo sucesso ou pela autonomia da PcD; atreladas a tais questões, há a força de vontade e a personalidade do indivíduo com deficiência para encontrar e criar oportunidades. Dessa maneira, ele acredita que não há um grupo social mais potente do que o das PcD, para protagonizar o exercício do respeito e da tolerância, pois elas são capazes de modificar os ambientes e até mesmo o imaginário coletivo.

Já na escola, houve algumas circunstâncias específicas, como a relação com as amizades e o *bullying*[7]. A aceitação na escola foi um processo que ocorreu tranquilamente, pois ele sempre foi um menino expansivo e tinha facilidade em criar relações sólidas, o que fazia com que o *bullying* não fosse significativo.

Para Rafael, considerando suas experiências no processo de escolarização, tais situações devem ser vistas com naturalidade e trabalhadas internamente, porém dentro de um

---

7 Expressão que se refere a atos de intimidação e violência física ou psicológica, geralmente em ambiente escolar (Brasil, 2019a).

limite, gerando reflexão e, também, interações e aproximações. De acordo com Rafael:

> *Tudo tem limite, entre a brincadeira e o desrespeito há um longo caminho. O bullying só funciona com plateia e, às vezes, isso acontecia em minha dinâmica, geralmente com aluno novo que chegava e queria fazer brincadeiras comigo, mas os outros – meus amigos – não achavam graça e a ação não seguia. Tendo um monitoramento correto e a ação do professor no momento certo e repreendendo corretamente, o bullying deu espaço para brincadeiras saudáveis, que consolidavam amizades.*

Na conjuntura do mercado de trabalho, Rafael constatou que, antes dos anos 1990, não havia incentivos ou pequenos apoios que emancipassem as PcD. Dessa maneira, anterior a esse processo e à Lei de Cotas (Brasil, 1991), PcD estavam, em sua maioria, na informalidade ou até mesmo na obscuridade social, o que, infelizmente, incluía não ser visto nem mesmo pelos próprios familiares como capaz, mas como dependente.

Com as mudanças sociais, as leis e diretrizes voltadas à educação especial e inclusiva foram essenciais, tanto no âmbito escolar como no social e trabalhista, por se tratar de um país desigual em relação às oportunidades. Tal condição colocou, de fato, a legislação como algo que veio a diminuir as lacunas existentes entre os que possuem deficiências e aqueles que não possuem.

A discriminação apresentou-se com mais força na vida do Rafael por meio do mercado de trabalho. "As pessoas exteriorizam seus preconceitos, transformando-os em ações que rotulam ou segregam as pessoas com deficiência", diz ele. Para

Rafael, isso está relacionado há dois fatores: a falta da vivência com PcD e a ausência cultural da diversidade. Porém, independentemente das limitações ou condições externas, esses aspectos não o impediram de buscar oportunidades de trabalho, inclusive durante o período da faculdade. Curiosamente, sua experiência com a Lei de Cotas ocorreu em 2006, depois do início da sua jornada profissional, em 2002.

A partir de 2005, o Poder Público passou a fiscalizar com maior frequência e eficiência o cumprimento da Lei de Cotas, verificando que a maioria das empresas estava descumprindo a legislação. Era necessário, por isso, que elas se adequassem ao novo cenário do mercado de trabalho.

Nesse contexto, uma organização do terceiro setor foi pioneira em ações pela empregabilidade da PcD. Em Curitiba, a Universidade Livre para Eficiência Humana (Unilehu) surgiu oferecendo cursos de qualificação para esse público, com possibilidade de contratação pelas empresas parceiras da iniciativa.

Rafael ingressou nessa instituição e conheceu os programas de inclusão e também diversas PcD. A vivência com pessoas com outras limitações foi algo novo em sua história. Até os 24 anos, Rafael havia tido experiências profissionais em cinema e teatro, mas nunca com colegas com deficiência. A nova convivência possibilitou expandir mais amplamente suas percepções em relação ao universo da inclusão, abrindo caminho para reflexões sobre as dinâmicas de um mercado de trabalho ainda não inclusivo.

Um aspecto bastante importante para Rafael foi constatar que, em sua sala de aula, com 30 alunos e em um ambiente propício aos deficientes, apenas duas pessoas tinham graduação universitária – ele e uma colega. Com isso, se perguntou: Quais fatores implicavam essa baixa escolaridade? O que impediu essas pessoas de ingressarem em uma graduação? Para muitos, foi o financeiro, porém, para outros, foi a falta de perspectiva, de ações pessoais proativas etc., uma infinidade de questões que culminam em um ponto: atitude. E essa, segundo Rafael, depende de cada um e da forma como vê o mundo a sua volta.

O tempo seguiu e outras experiências em ambientes de trabalho aconteceram, ampliando o leque de conhecimento e a experiência pessoal de Rafael, que também concluiu mais três cursos de pós-graduação.

Aproximadamente uma década depois, ele teve, novamente, experiência com a Lei de Cotas. Dessa vez, não como candidato, mas como um dos protagonistas de um programa de inclusão de profissionais com deficiência em uma organização de multinegócios com cerca de 12 mil colaboradores. Um dos pilares do seu trabalho era (e ainda é, já que segue nesse emprego) garantir um processo inclusivo mais pleno, que desenvolvesse o público-alvo e as equipes de trabalho envolvidas.

Ele considera que as dinâmicas de mercado para essas pessoas não estão atreladas, em sua maioria, a cargos que exigem qualificação e graduação. De certa maneira, esse fator gera um descompasso entre a vaga ofertada, a capacidade laboral que o candidato possui e o nível de conhecimento profissional que a pessoa tem. Segundo Rafael:

> *As empresas preferem contratar para cargos iniciais porque esses não requerem experiência e elas precisam recrutar em volume. Isso possibilita a empregabilidade de pessoas com deficiência que eventualmente têm uma qualificação mais primária. Por outro lado, o mercado de trabalho reforça um estigma ao fazer isso. Conheço pessoas bem qualificadas que se candidatam a vagas iniciais e exclusivas por acreditarem ter mais chances. Se pessoas com deficiência não passarem a brigar por vagas complexas, porque querem e porque acreditam dar conta do trabalho, os processos seletivos continuarão discriminatórios.*

Para Rafael, o processo que envolve a escola inclusiva está relacionado, diretamente, à sociedade e suas ações e interações. Esse movimento inclui o mercado de trabalho e os atos discriminatórios em relação à PcD. A escola educa, forma, remodela e cria sociedades, ou seja, ela é capaz de promover o desenvolvimento e a integração de todos, respeitando suas limitações e suas capacidades, em um mesmo ambiente. O mercado de trabalho deve, portanto, à semelhança da escola inclusiva e por influência das ideias propagadas por ela, ter e dar condições para que as pessoas sejam vistas como profissionais capazes como qualquer ser humano, nem aquém nem além das potencialidades intrínsecas deste.

**Figura 5.8** – Os pais e Rafael (2018)

Arquivo pessoal da família

    Hoje, na contramão dos preconceitos, Rafael é independente física e economicamente. É um profissional bem-sucedido, trabalha em uma empresa com 12 mil funcionários e uma de suas atribuições é a inserção da PcD no mercado de trabalho, atuando diretamente com centenas de gerentes e desconstruindo, com suas ações profissionais, as posturas discriminatórias presentes no dia a dia.

**Figura 5.9** – Mãe e Rafael na cidade de Areia – PB (2019)

Arquivo pessoal da família

# Considerações finais

Esta obra foi pensada e escrita a fim de contemplar as três esferas mais relevantes para o desenvolvimento dos sujeitos: a escola, a família e a sociedade. Mediante um olhar criterioso e observador, elencamos as principais particularidades de cada um desses ambientes, procurando explanar situações do cotidiano. Propusemos aqui intercalar as esferas que envolvem a inclusão das pessoas com deficiência em diferentes fases da vida, abrangendo os aspectos que incluem desde a inicialização do processo de escolarização até o ingresso no mercado de trabalho, já na fase adulta. Tais apontamentos proporcionaram reflexões intensas sobre os paradigmas sociais e a quebra deles, dando, assim, espaço a novas posturas e ações.

Com essa leitura, ficaram perceptíveis também o papel do tripé escola, família e sociedade ao longo da vida da pessoa com deficiência, assim como a família e todos os seus receios e suas necessidades. Nessa perspectiva, percebemos que pessoas com deficiência, congênitas ou adquiridas, em algum momento da vida, vão se deparar com a necessidade de aceitação social, a urgência de se impor e de se posicionar nesse processo de socialização, bem como de se relacionar e se ver como um sujeito capaz e autônomo, sobretudo em suas práticas diárias.

Ao longo dos capítulos, também formulamos os principais conceitos e apresentamos as vivências acerca das temáticas propostas, tencionando ajudá-lo, caro leitor, a experienciar as minúcias do ambiente familiar, da rede de apoio, do processo de luto, da aceitação e rejeição ao se deparar com o filho com deficiência, assim como a realidade de uma escola inclusiva, da inserção no mercado de trabalho e a manutenção deste. Por fim, esta obra propiciou a compreensão da relevância de um processo inclusivo amplo, que ocorra não só na escola, mas também em outros segmentos da sociedade. Nesse sentido, a atuação de movimentos e organizações não governamentais (ONGs) é bastante pertinente, assim como a de pesquisadores, por meio da divulgação de palestras e pesquisas para além dos muros da academia. Especificamente no que se refere à sociedade, reiteramos a necessidade de se trabalhar a aceitação, percebendo que as limitações dos indivíduos – sejam de ordem física, sejam de ordem cognitiva – não são sinônimos de incapacidade para o trabalho, o estudo ou a socialização.

# Referências

ABNT – Associação Brasileira de Normas Técnicas. **NBR 9050**: acessibilidade a edificações, mobiliário, espaços e equipamentos urbanos. Rio de Janeiro, 2015.

ACESSIBILIDADE. **Dicionário Brasileiro da Língua Portuguesa Michaelis**. Disponível em: <https://michaelis.uol.com.br/moderno-portugues/busca/portugues-brasileiro/acessibilidade/>. Acesso em: 10 maio 2020.

AMARAL, L. A. **Pensar a diferença/deficiência**. Brasília: Corde, 1994.

ANOXIA: falta de oxigenação que pode ser prevenida. **Boa Saúde**, 2000. Disponível em: <https://www.boasaude.com.br/artigos-de-saude/3830/-1/anoxia-falta-de-oxigenacao-que-pode-ser-prevenida.html>. Acesso em: 2 mar. 2020.

ASSUMPÇÃO JR., F. B.; SPROVIERI, M. H. **Introdução ao estudo da deficiência mental**. São Paulo: Memnon, 2000.

BARTNIK, H. L. de S. **Gestão educacional**. Curitiba: InterSaberes, 2012. (Série Formação do Professor).

BETTI, A. P. **Emprego apoiado**. São Paulo: Agbook, 2011.

BOCK, A. M. B.; FURTADO, O.; TEIXEIRA, M. de L. T. Família... O que está acontecendo com ela? In: BOCK, A. M. B.; FURTADO, O.; TEIXEIRA, M. de L. T. **Psicologias**: uma introdução ao estudo da psicologia. 13. ed. São Paulo: Saraiva, 1999. p. 247-260.

BRASIL. Constituição (1988). **Diário Oficial da União**, Brasília, DF, 5 out. 1988. Disponível em: <http://www.planalto.gov.br/ccivil_03/constituicao/ConstituicaoCompilado.htm>. Acesso em: 20 fev. 2020.

BRASIL. Decreto n. 5.296, de 2 de dezembro de 2004. **Diário Oficial da União**, Poder Executivo, Brasília, DF, 3 dez. 2004. Disponível em: <http://www.planalto.gov.br/ccivil_03/_ato2004-2006/2004/decreto/d5296.htm>. Acesso em: 5 mar. 2020.

BRASIL. Lei n. 8.213, de 24 de julho de 1991. **Diário Oficial da União**, Poder Legislativo, Brasília, DF, 25 jul. 1991. Disponível em: <http://www.planalto.gov.br/ccivil_03/leis/L8213cons.htm>. Acesso em: 17 ago. 2019.

BRASIL. Lei n. 9.394, de 20 de dezembro de 1996. **Diário Oficial da União**, Poder Legislativo, Brasília, DF, 23 dez. 1996. Disponível em: <http://www.planalto.gov.br/ccivil_03/leis/l9394.htm>. Acesso em: 17 ago. 2019.

BRASIL. Lei n. 10.098, de 19 de dezembro de 2000. **Diário Oficial da União**, Poder Legislativo, Brasília, DF, 20 dez. 2000. Disponível em: <http://www.planalto.gov.br/ccivil_03/leis/l10098.htm>. Acesso em: 5 mar. 2020.

BRASIL. Lei n. 12.796, de 4 de abril de 2013. **Diário Oficial da União**, Poder Legislativo, Brasília, DF, 5 abr. 2013. Disponível em: <http://www.planalto.gov.br/ccivil_03/_ato2011-2014/2013/lei/l12796.htm>. Acesso em: 17 ago. 2019.

BRASIL. Lei n. 13.146, de 6 de julho de 2015. **Diário Oficial da União**, Poder Legislativo, Brasília, DF, 7 jul. 2015. Disponível em: <http://www.planalto.gov.br/ccivil_03/_ato2015-2018/2015/lei/l13146.htm>. Acesso em: 17 ago. 2019.

BRASIL. **PNE em movimento**. Disponível em: <http://pne.mec.gov.br/>. Acesso em: 10 maio 2020.

BRASIL. Ministério da Educação. **Especialistas indicam formas de combate a atos de intimidação**. Disponível em: <http://portal.mec.gov.br/component/tags/tag/34487>. Acesso em: 24 ago. 2019a.

BRASIL. Ministério da Educação. **Plano Nacional de Educação**: Lei n. 13.005/2014. Brasília, 2014. Disponível em: <http://pne.mec. gov.br/18-planos-subnacionais-de-educacao/543-plano-nacional-de-educacao-lei-n-13-005-2014>. Acesso em: 10 maio 2020.

BRASIL. Ministério da Educação. **Política Nacional de Educação Especial na Perspectiva da Educação Inclusiva**. Brasília, 2008a. Disponível em: <http://portal.mec.gov.br/arquivos/pdf/politica educespecial.pdf>. Acesso em: 21 fev. 2020.

BRASIL. Ministério da Educação. Secretaria de Educação Continuada, Alfabetização e Diversidade. **Educação integral**: texto referência para o debate nacional. Brasília, 2009. (Série Mais Educação). Disponível em: <http://portal.mec.gov.br/dmdocuments/cad final_educ_integral.pdf>. Acesso em: 17 ago. 2019.

BRASIL. Ministério da Educação. Secretaria de Educação Especial. **Declaração de Salamanca**: recomendações para a construção de uma escola inclusiva. Brasília, 2003a. Disponível em: <http:// portal.mec.gov.br/seesp/arquivos/pdf/serie3.pdf>. Acesso em: 10 maio 2020.

BRASIL. Ministério da Educação. Secretaria de Educação Especial. **Estratégias para a educação de alunos com necessidades educacionais especiais**. Brasília, 2003b. (Série Saberes e Práticas da Inclusão). Disponível em: <http://portal.mec.gov.br/seesp/ arquivos/pdf/serie4.pdf>. Acesso em: 17 ago. 2019.

BRASIL. Ministério das Cidades. Secretaria Nacional de Transporte e da Mobilidade Urbana. **Brasil acessível**: programa brasileiro de acessibilidade urbana. v. 3. Disponível em: <https://www.nova concursos.com.br/blog/pdf/brasil-acessivel-caderno-03.pdf>. Acesso em: 24 ago. 2019b.

BRASIL. Presidência da República. Secretaria Especial dos Direitos Humanos. Coordenadoria Nacional para Integração da Pessoa Portadora de Deficiência. **A Convenção sobre os Direitos das Pessoas com Deficiência comentada**. Brasília, 2008b. Disponível em: <https://www.oab.org.br/arquivos/a-convencao-sobre-os-direitos-das-pessoas-com-deficiencia-comentada-812070948.pdf>. Acesso em: 2 mar. 2020.

BRASIL. Presidência da República. Secretaria Nacional de Promoção dos Direitos da Pessoa com Deficiência. **Avanço das Políticas Públicas para as Pessoas com Deficiência**: uma análise a partir das conferências nacionais. Brasília, 2012. Disponível em: <https://docplayer.com.br/35325-Avancos-das-politicas-publicas-para-as-pessoas-com-deficiencia.html>. Acesso em: 27 fev. 2020.

CAIXA. **Acessibilidade**. Disponível em: <http://www1.caixa.gov.br/gov/gov_social/municipal/assistencia_tecnica/produtos/repasses/pronat/pre_contratual/manual_acessibilidade.asp>. Acesso em: 24 ago. 2019.

CANGUILHEM, G. **O normal e o patológico**. Tradução de Maria Thereza Redig de Carvalho Barrocas. Rio de Janeiro: Forense Universitária, 2000.

CARVALHO, E. N. S. de; CARVALHO, R. E.; COSTA, S. M. (Org.). **Política de atenção integral e integrada para as pessoas com deficiência intelectual e múltiplas**. Brasília: Federação Nacional das Apaes, 2011. Disponível em: <https://media.apaebrasil.org.br/5152-apae-politica-baixa-final-ok-18-08-2011.pdf>. Acesso em: 2 mar. 2020.

DECLARAÇÃO de Salamanca: sobre princípios, políticas e práticas na área das necessidades educativas especiais. In: CONFERÊNCIA MUNDIAL DE EDUCAÇÃO ESPECIAL, 1994, Salamanca. Disponível em: <http://portal.mec.gov.br/seesp/arquivos/pdf/salamanca. pdf>. Acesso em: 24 ago. 2019.

DERRIDA, J.; ROUDINESCO, E. **De que amanhã...**: diálogo. Tradução de André Telles. Rio de Janeiro: J. Zahar, 2004.

DESSEN, M. A.; POLONIA, A. da C. A família e a escola como contextos de desenvolvimento humano. **Paideia**, Ribeirão Preto, v. 17, n. 36, p. 21-32, jan./abr. 2007. Disponível em: <http://www.scielo.br/pdf/paideia/v17n36/v17n36a03.pdf>. Acesso em: 10 maio 2020.

DESSEN, M. A.; POLONIA, A. da C. Em busca de uma compreensão das relações entre família e escola. **Psicologia Escolar e Educacional**, v. 9, n. 2, p. 303-312, 2005. Disponível em: <http://www.scielo.br/pdf/pee/v9n2/v9n2a12.pdf>. Acesso em: 2 mar. 2020.

DIAS, M. B. **Adoção homoafetiva**. Disponível em: <http://www.maria berenice.com.br/uploads/6_-_ado%E7%E30_homoafetiva.pdf>. Acesso em: 31 jan. 2020.

DIFERENÇA. **Dicionário Brasileiro da Língua Portuguesa Michaelis**. Disponível em: <https://michaelis.uol.com.br/moderno-portugues/busca/portugues-brasileiro/diferen%C3%A7a/>. Acesso em: 10 maio 2020.

FAMÍLIA. **Dicionário Brasileiro da Língua Portuguesa Michaelis**. Disponível em: <https://michaelis.uol.com.br/moderno-portugues/busca/portugues-brasileiro/fam%C3%ADlia/>. Acesso em: 10 maio 2020.

FELICIO, N. C. de; FANTACINI, R. A. F.; TOREZAN, K. R. Atendimento educacional especializado: reflexões acerca da formação de professores e das políticas nacionais. **Revista Eletrônica de Educação**, São Carlos, v. 10, n. 3, p. 139-154, 2016. Disponível em: <http://www.reveduc.ufscar.br/index.php/reveduc/article/view/1508/519>. Acesso em: 10 maio 2020.

FERNANDES, S. **Fundamentos para educação especial**. Curitiba: InterSaberes, 2013. (Série Fundamentos da Educação).

FIORAVANTE, D. et al. **A metodologia de emprego apoiado para pessoa com deficiência intelectual**. Pará de Minas, 2016. Disponível em: <https://www.uniapaemg.org.br/wp-content/uploads/2018/05/A_Metodologia_De_Emprego_Apoiado.pdf>. Acesso em: 2 mar. 2020.

FOUCAULT, M. **Vigiar e punir**: nascimento da prisão. Tradução de Raquel Ramalhete. 9. ed. Petrópolis: Vozes, 1991.

FREIRE, P. **Pedagogia do oprimido**. 17. ed. Rio de Janeiro: Paz e Terra, 1987.

GLAT, R. O papel da família na integração do portador de deficiência. **Revista Brasileira de Educação Especial**, v. 2, n. 4, p. 111-118, 1996. Disponível em: <https://www.abpee.net/homepageabpee04_06/artigos_em_pdf/revista4numero1pdf/r4_art09.pdf>. Acesso em: 2 mar. 2020.

GODOY, G.; INÁCIO, M. J.; GOUVEIA, S. S. (Org.). **Pensar a democracia**. Charleston: Editores e contribuidores, 2017.

GUGEL, M. A. A pessoa com deficiência e sua relação com a história da humanidade. **AMPID**, 2019. Disponível em: <http://www.ampid.org.br/ampid/Artigos/PD_Historia.php>. Acesso em: 18 out. 2019.

HETEROGENEIDADE. **Dicionário Brasileiro da Língua Portuguesa Michaelis**. Disponível em: <https://michaelis.uol.com.br/moderno-portugues/busca/portugues-brasileiro/heterogeneidade/>. Acesso em: 10 maio 2020.

ITS – Instituto de Tecnologia Social. **Curso de EAD para a inclusão de pessoas com deficiência no mercado de trabalho.** São Paulo: MCTI/Secis, 2016.

KAYE, A. R. Learning Together Apart. In: KAYE, A. R. (Ed.). **Collaborative Learning Through Computer Conferencing:** the Najaden Papers. Berlin: Springer Verlag, 1991. p. 1-24.

LAPLANCHE, J.; PONTALIS, J. B. **Vocabulário da psicanálise.** 4. ed. São Paulo: M. Fontes, 2016.

LENOIR, R. Objeto sociológico e problema social. In: CHAMPAGNE, P. et al. **Iniciação à prática sociológica.** Tradução de Guilherme João de Freitas Teixeira. Petrópolis: Vozes, 1998. p. 59-106.

LIBÂNEO, J. C.; OLIVEIRA, J. F. de; TOSCHI, M. S. **Educação escolar:** políticas, estrutura e organização. São Paulo: Cortez, 2003.

MAIA, A. C. B. **A importância das relações familiares para a sexualidade e autoestima de pessoas com deficiência física.** 2009. Disponível em: <https://www.psicologia.pt/artigos/textos/A0515.pdf>. Acesso em: 17 out. 2019.

MATURANA, A. P. P. M.; CIA, F. Educação especial e a relação família-escola: análise da produção científica de teses e dissertações. **Psicologia Escolar e Educacional,** São Paulo, v. 19, n. 2, p. 349-358, maio/ago. 2015. Disponível em: <http://www.scielo.br/pdf/pee/v19n2/2175-3539-pee-19-02-00349.pdf>. Acesso em: 2 mar. 2020.

MENDES, E. G. Colaboração entre ensino regular e especial: o caminho do desenvolvimento pessoal para a inclusão escolar. In: MANZINI, E. J. (Org.). **Inclusão e acessibilidade.** Marília: ABPEE, 2006. p. 29-42.

MENEZES, E. T. de; SANTOS, T. H. dos. Declaração de Salamanca. In: **Dicionário Interativo da Educação Brasileira:** Educabrasil. São Paulo: Midiamix, 2001. Disponível em: <http://www.educabrasil.com.br/declaracao-de-salamanca/>. Acesso em: 24 ago. 2019.

MENEZES, P. L. de. **A ação afirmativa (Affirmative Action) no direito norte-americano**. São Paulo: Revista dos Tribunais, 2001.

MICHAELIS. Disponível em: <http://michaelis.uol.com.br/>. Acesso em: 24 ago. 2019.

MIRANDA, T. G.; ROCHA, N. S.; SANTOS, P. A. dos. O papel da sala de recursos para a inclusão do aluno com deficiência. In: CONGRESSO BRASILEIRO MULTIDISCIPLINAR DE EDUCAÇÃO ESPECIAL, 5., 2009, Londrina. **Anais...** Disponível em: <http://www.uel.br/eventos/congressomultidisciplinar/pages/arquivos/anais/2009/254.pdf>. Acesso em: 24 ago. 2019.

MOURA, B. **Síndrome de Little (diplegia espástica)**: sintomas, causas e tratamento. 21 maio 2019. Disponível em: <https://www.gentside.com.br/sindrome/sindrome-de-little-diplegia-espastica-sintomas-causas-e-tratamento_art9798.html>. Acesso em: 5 mar. 2020.

NEVES-SILVA, P.; PRAIS, F. G.; SILVEIRA, A. M. Inclusão da pessoa com deficiência no mercado de trabalho em Belo Horizonte, Brasil: cenário e perspectiva. **Revista Ciência & Saúde Coletiva**, v. 20, n. 8, p. 2549-2558, 2015. Disponível em: <http://www.scielo.br/pdf/csc/v20n8/1413-8123-csc-20-08-2549.pdf>. Acesso em: 6 mar. 2020.

NUNES, S. da S.; SAIA, A. L.; TAVARES, R. E. Educação inclusiva: entre a história, os preconceitos, a escola e a família. **Psicologia: Ciência e Profissão**, Brasília, v. 35, n. 4, p. 1106-1119, out./dez. 2015. Disponível em: <http://www.scielo.br/pdf/pcp/v35n4/1982-3703-pcp-35-4-1106.pdf>. Acesso em: 21 fev. 2020.

ONU – Organização das Nações Unidas. **Declaração Universal dos Direitos Humanos**. 1948. Disponível em: <https://nacoesunidas.org/wp-content/uploads/2018/10/DUDH.pdf>. Acesso em: 24 ago. 2019.

PAULON, S. M.; FREITAS, L. B. de L.; PINHO, G. S. **Documento subsidiário à política de inclusão**. Brasília: MEC/SEESP, 2005. Disponível em: <http://portal.mec.gov.br/seesp/arquivos/pdf/livro%20 educacao%20inclusiva.pdf>. Acesso em: 21 fev. 2020.

PEZZO, M. **Projeto da UFSCAR desenvolve adaptação de materiais para crianças com paralisia cerebral**. 14 nov. 2013. Disponível em: <http://www.saci.ufscar.br/servico_release?id=66361&pro=3>. Acesso em: 24 ago. 2019.

PIVA, S. L. R.; BATISTA, C. V. M. Educação inclusiva: a teoria das inteligências múltiplas na prática pedagógica com os alunos com necessidades educacionais especiais. **Cadernos PDE**, v. 1, 2013. Disponível em: <http://www.diaadiaeducacao.pr.gov.br/portals/ cadernospde/pdebusca/producoes_pde/2013/2013_uel_edespecial_ artigo_silvana_lucia_razaboni.pdf>. Acesso em: 24 ago. 2019.

QUEIROZ, A. de M.; BEDIN, E. História da associação de pais e amigos dos excepcionais: desafios e perspectivas na educação inclusiva. In: EDUCERE, 12., 2015, Curitiba. Disponível em: <https://educere. bruc.com.br/arquivo/pdf2015/21164_8380.pdf>. Acesso em: 24 ago. 2019.

REDE SARAH. Disponível em: <http://www.sarah.br>. Acesso em: 2 mar. 2020a.

REDE SARAH. **Brasília**. Disponível em: <http://www.sarah.br>. Acesso em: 2 mar. 2020b.

REDE SARAH. **Nossa história**. Disponível em: <http://www.sarah. br>. Acesso em: 2 mar. 2020c.

RUIZ, E. **Síndrome da apneia/hipopneia obstrutiva em crianças**. Disponível em: <https://www.omeubebe.com/doencas/doencas-bebes/apneia-do-sono>. Acesso em: 2 mar. 2020.

SAKAGUTI, P. M. Y. **As interações familiares no desenvolvimento afetivo-emocional do indivíduo com altas habilidades/super-dotação:** a questão do assincronismo. 304 f. Tese (Doutorado em Educação) – Universidade Federal do Paraná, Curitiba, 2017. Disponível em: <https://acervodigital.ufpr.br/bitstream/handle/1884/55203/R%20-%20T%20-%20PAULA%20MITSUYO%20YAMASAKI%20SAKAGUTI.pdf?sequence=1&isAllowed=y>. Acesso em: 6 mar. 2020.

SALVARI, L. de F. C.; DIAS, C. M. de S. B. Os problemas de aprendizagem e o papel da família: uma análise a partir da clínica. **Estudos de Psicologia**, Campinas, v. 23, n. 3, p. 251-259, jul./set. 2006. Disponível em: <http://www.scielo.br/pdf/estpsi/v23n3/v23n3a04.pdf>. Acesso em: 6 mar. 2020.

SAVIANI, D. **História das ideias pedagógicas no Brasil**. Campinas: Autores Associados, 2007.

SILVA, A. M. da. **Buscando componentes da parceria colaborativa na escola entre família de crianças com deficiência e profissionais**. 122 f. Dissertação (Mestrado em Educação Especial) – Universidade Federal de São Carlos, São Carlos, 2007. Disponível em: <https://repositorio.ufscar.br/bitstream/handle/ufscar/2957/1272.pdf?sequence=1>. Acesso em: 6 mar. 2020.

SILVA, C. L. S. D. da. **O Plano Nacional de Educação**: ações de monitoramento dentro e fora do Senado Federal. 37 f. Trabalho de Conclusão de Curso (Especialização em Avaliação de Políticas Públicas) – Instituto Legislativo Brasileiro, Brasília, 2018. Disponível em: <https://www2.senado.leg.br/bdsf/bitstream/handle/id/556146/TCC_Celiane%20L%C3%ADdia%20Sodr%C3%A9%20Dias%20da%20Silva.pdf?sequence=1&isAllowed=y>. Acesso em: 20 abr. 2020.

SILVA, R. da; BOLZE, S. D. A. **Diferentes configurações familiares**: repercussões no desenvolvimento de crianças e adolescentes. Disponível em: <http://www.uniedu.sed.sc.gov.br/wp-content/uploads/2016/02/Regiane-da-Silva.pdf>. Acesso em: 24 ago. 2019.

SILVA, R. H. dos R. Contribuições da pedagogia histórico-crítica para a educação especial brasileira. **Revista HISTEDBR**, Campinas, n. 58, p. 78-89, set. 2014. Disponível em: <https://periodicos.sbu.unicamp.br/ojs/index.php/histedbr/article/view/8640380/7939>. Acesso em: 20 fev. 2020.

SOUSA, S. A saúde do feto. In: SÁ, E. (Ed.). **Psicologia do feto e do bebé**. Lisboa: Fim de Século, 2003. p. 39-66.

UDEMO – Sindicato de Especialistas de Educação do Magistério Oficial do Estado de São Paulo. **O presidente da república enviou, em 15/12, ao Congresso Nacional, o novo Plano Nacional de Educação (PNE) para a década 2011/2020**. Disponível em: <http://www.udemo.org.br/Destaques/Destaque_438_PNE_Oficio.html>. Acesso em: 20 abr. 2020.

VAZ, J. C. Todos têm direito a se locomover. In: PAULICS, V.; VAZ, J. C.; SILVERA, A. L. (Org.). **Iniciativas municipais para o desenvolvimento sustentável**. Coletânea de experiências bem-sucedidas no Brasil – para serem aplicadas no âmbito da atuação do PCPR no Piauí. Teresina: PCPR, 2002. p. 45-48.

XAVIER, M. E. S. P.; RIBEIRO, M. L S.; NORONHA, O. M. **História da educação**: a escola no Brasil. São Paulo: FTD, 1994.

YIN, R. K. **Estudo de caso**: planejamento e métodos. Tradução de Daniel Grassi. 3. ed. Porto Alegre: Bookman, 2005.

# Bibliografia comentada

BUDEL, G. C.; MEIER, M. **Mediação da aprendizagem na educação especial**. Curitiba: InterSaberes, 2012. (Série Inclusão Escolar). Essa obra aborda a inclusão sob o viés da ética humana, concebendo que um movimento contrário de aceitação da pessoa com deficiência nas esferas sociais equivale a ir de encontro aos princípios e valores básicos do ser humano. Dessa maneira, aspectos que envolvem a transição social para a inclusão de fato, como a própria escola e a ação docente, são retratados pelos autores. O livro se apresenta em seis capítulos e 234 páginas, permitindo que o leitor transite entre a educação especial e inclusiva articulada à legislação, bem como entre as relações de ensino e aprendizagem concernentes a essa escola inclusiva.

EYNG, A. M. (Org.). **Direitos humanos e violência nas escolas**: desafios e questões em diálogos. Curitiba: CRV, 2013. Nos 13 capítulos desse livro, distribuídos em 259 páginas, são debatidos aspectos que ferem os direitos dos sujeitos no ambiente escolar e que, por consequência dessa violação, promovem a violência em diversos aspectos. Os capítulos mais relevantes e com temática próxima a do nosso livro abordam a relação entre família e escola, bem como o professor e o manejo de condutas antissociais em sala de aula, como o *bullying*, percebido como reflexo da não aceitação do outro, tópico diretamente relacionado à educação especial e inclusiva.

FERNANDES, S. **Fundamentos para educação especial**. Curitiba: InterSaberes, 2013. (Série Fundamentos da Educação).

A autora da obra aborda, em quatro capítulos, questões sociais, históricas e educacionais fundamentais para a sociedade. Percebe-se, ao longo da leitura, a preocupação em demonstrar o movimento histórico e legal, inclusive o de democratização do acesso ao conhecimento científico, que recai sobre a educação especial e em seus aspectos inclusivos na contemporaneidade. Inicialmente, tem-se um percurso histórico envolvendo a integração e a inclusão, seguido de temáticas como a relação da sociedade com a deficiência. Há inclusive um recorte temporal apresentando os fundamentos legais que embasam a educação especial e inclusiva, além da perspectiva curricular educacional que contempla a escola contemporânea.

FREIRE, P. **Pedagogia do oprimido**. 17. ed. Rio de Janeiro: Paz e Terra, 1987.

Essa obra é considerada uma das mais relevantes entre tantas produzidas pelo autor. Nela, Freire analisa com profundidade o contexto e as questões das quais emanam as ideias centrais das propostas de uma educação popular, sobretudo comprometida com as necessidades da população à margem da sociedade ou economicamente menos favorecida. Conceitos significativos também são apresentados e explorados, como os de opressores e oprimidos, assim como suas relações sociais, políticas e educacionais. As contribuições desse livro são fundamentais, especialmente quanto aos aspectos sociais, de igualdade, de empatia, de desenvolvimento e de autonomia. A obra é composta de quatro capítulos que discorrem a respeito da educação, das relações na libertação dos sujeitos pelo enfrentamento da classe dominante e também sobre violência, opressão e exploração.

SAVIANI, D. **História das ideias pedagógicas no Brasil**. Campinas: Autores Associados, 2007.

A obra de Dermeval Saviani é um clássico da educação e considerada essencial para estudantes e pesquisadores da referida área, para a compreensão dos processos históricos e curriculares que envolvem a educação brasileira, pois articula esse movimento histórico às situações políticas de cada período. Nos 14 capítulos do livro, o autor apresenta, com considerável aprofundamento, as ideias pedagógicas que fundamentaram a educação desde o período de 1549 (com a chegada dos jesuítas e sua organização educacional), apresentando documentos, reformas e legislações significativas, bem como questões da sociedade e suas demandas em cada período retratado, até o início do século XXI.

# Respostas

## Capítulo 1

1. d
2. b
3. c
4. c
5. a

## Capítulo 2

1. A afirmativa correta é a letra a. As afirmativas I, III e IV são verdadeiras. A afirmativa II é falsa. A norma é, para a educação, como um padrão comum, uma medida de comparação e comparabilidade, que determina exatamente o grupo que terá acesso a essa educação. Podemos, então, classificar a norma como uma particularidade, uma referência que identifica o grupo ou as situações do próprio grupo, e até mesmo como uma prescrição, uma determinação e uma regra.
2. d
3. b
4. d
5. c

## Capítulo 3

1. c
2. b
3. d
4. a
5. c

## Capítulo 4

1. b
2. c
3. a
4. d
5. a

# Sobre a autora

**Kellin Cristina Melchior Inocêncio** é doutoranda em Educação e realiza pesquisas na área de alfabetização e desenvolvimento integral dos alunos em período alfabetizador na Pontifícia Universidade Católica do Paraná (PUCPR). É mestre e especialista pela mesma instituição e formada em Pedagogia pela Faculdade Santa Cruz. Já atuou como professora da educação básica, incluindo educação infantil e ensino fundamental, e como gestora pedagógica dos anos iniciais do ensino fundamental. Atualmente, é professora do ensino superior nas modalidades presencial e educação a distância (EaD) em cursos de licenciatura.

Os papéis utilizados neste livro, certificados por instituições ambientais competentes, são recicláveis, provenientes de fontes renováveis e, portanto, um meio responsável e natural de informação e conhecimento.

Impressão: Reproset
Março/2022